Khám phá

ベトナム
建築行脚
フ
ハ
ノ
チ
イ
ミ
ン

Kiến trúc

文＝竹森紘臣
写真＝大木宏之

Text by Hiroomi Takemori
Photographs by Hiroyuki Oki

彰国社

Việt Nam

はじめに

　私は 2011 年からベトナムの首都ハノイに移り住み、建築設計の仕事を始めました。当時はベトナムの現代建築について雑誌やインターネットで調べてもほとんど情報がありません。設計の仕事をもらったのはいいけれど、敷地となるベトナムのことは何も知りません。ベトナムでどのような建築を提案すればよいか考えるため、まず今ベトナムにある建築を知ろうと思い、ハノイ中心部から郊外、中国との国境近くなどを訪れ、建築や街の観察を始めました。その記録が本書のもとになっています。

　本書では、住宅、市場、教会、王宮、橋梁など多様な建築や土木構築物のなかで、時代によって異なる政治、文化、宗教などの影響を受けた代表的なものを紹介しています。また、山岳地域に暮らす少数民族の集落や住居が持つ、ベトナムの都市部のそれとは異なる特徴は、私の設計にも多くのヒントを与えてくれるものだったので、後半に取り上げています。

　本書をつくるにあたり、2008 年からホーチミン市に移り住み、ベトナムの現代建築家の作品を多く撮影している写真家、大木宏之さんとベトナム各地を訪れました。この旅で見たもの、感じたことを大切にして、それをなるべく率直な言葉で書くように努めました。ベトナム建築をよく知る大木さんの視点で切り取られた写真とともに、われわれの旅の臨場感を味わい、楽しんでいただければと思います。

竹森紘臣

目次

Column

Book Design/ Tetsuji Ban (Ricomend.jp)

建築化する植物

間口4mほどのうなぎの寝床のような敷地にショップハウスが建ち並ぶ旧市街。さまざまな模様の鉄格子やバルコニーの手摺、電線などがごちゃまぜになったファサードだが、植物によってある種の調和が生まれている

建築化する植物

混沌とした街並みが広がる旧市街

ハノイ旧市街の歴史は11世紀の王朝時代、タンロンと名付けられた首都に栄えた工芸職人街が起源といわれている。昔の面影を今も残す旧市街は、旅行者に人気の観光スポットで、休日には地元の人たちも繰り出す。

このエリアに隙間なく建ち並ぶショップハウスは、1階で工房や商売を営み上階で暮らす、アジア都市の典型的な住居形式である。うなぎの寝床のような間口の狭い敷地に立つ縦長ファサードは、新古典主義風やアール・デコ調、漢字があしらわれた外壁など、かつての宗主国フランスや中国の名残りを感じさせるデザインのほか、ガラスや巨大な看板で覆われた建築など、現代の建材や商業的なデコレーションがごちゃ混ぜになっている。

植物と同居する

この一見無秩序な街並みのなかでも、ファサードには豊かな植物が茂り、ある種の調和がある。バルコニーいっぱいにあふれる植物、外壁に増設した棚や欄干に並べられた鉢の数々、幾何学模様のスチール製植木棚など、住民それぞれ思い思いに緑を楽しんでいるようだ。

次頁：ハノイ旧市街のショップハウス。ブーゲンビリアの葉と花が2階のファサードを覆い、地面に根をおろしている。枝葉が広範囲に広がるブーゲンビリアは、ベトナムではよく植えられる

建物に寄生する植物。古い外壁に根を下ろして成長する樹木

　パンジーなどの草花を植えた小さな鉢を外壁にちりばめたり、高さ2、3ｍを超える樹木を植えた花壇のようなものを建物に組み込んだり、緑のサイズや形のバリエーションも豊富だ。日光がよく当たる場所に植えられたブーゲンビリアやポトスなどツル性の植物は緑のカーテンとなり、襲いかかる猛烈な暑さから人びとを守ってくれる。建物を覆う緑や色とりどりの花は、通行人の目を楽しませてくれるだけでなく、室内外の環境を整える建材でもあるのだ。

　外壁が見えなくなるほど建物を覆った植物は、強い日光を遮りながら蒸散効果で周りの空気を冷やしてくれる。ハノイ中心部の旧市街の建物のほとんどはレンガやコンクリートでできているが、その多くの部分が植物で覆われている。都市化してもなお、人間の生活の場から自然を追い出すことなく、独特な境界線を保ち共生している。

前頁：植木鉢や防犯用のアイアンワークが取り付けられたファサード。
ベトナムでよく食べられるハーブも育てられている

ベトナムの団地

キムリエン団地。棟と棟の間に設けられたオープンスペース。大きな木陰は住民の憩いの場となり、1階の増築部分にはカフェやオフィスなどが並ぶ

キムリエン団地。キッチンの増築部分。ファサードのフェンスを水切り棚として使っている

同団地の一室

前頁：ザンヴォー団地の外壁には「タイガー・ケイジ」と呼ばれる鉄骨のユニットが
増築されている。サイズやデザインはさまざまで、団地全体に独特の表情を生み出す

階段室から続く外廊下の改築部分。もともと外部だった
スペースにアイアンワークで壁と扉を設置し内部化している

ベトナムの団地

ソ連から輸入された団地

　ハノイ中心部では、1950年代以降、公共住宅として建設された多くの団地を見かける。ベトナム戦争中から戦後間もないころ、ハノイに集中した官僚や軍人のために用意された。これらの建設には、旧ソ連製の大型プレキャスト・コンクリートパネルで組み立てる工法が一部採用されている。完成直後の写真を見ると単調で無愛想なファサードだが、今ではずいぶん愛嬌のある表情をしている。住民によって増築されたバルコニーや居室のボリュームが道路に向かって無作為に飛び出していて、道行く者の目を惹くのである。

住民による自由な拡張

　プレキャスト・コンクリート工法は当時の最先端技術だったが、間仕切壁の多い内部の風通しはよいとはいえず、ハノイの蒸し暑い気候にはあまり適さない。またドイモイ政策以降、人びとの生活が豊かになると、室内の広さや設備も十分ではなくなった。

　次第に、住民たちは自らの手で増改築をしていく。1階の空き地に屋根を架けて内部を拡張し、商店を営む者もいる。当初意図されていた、広々とした外部空間が破棄されてしまった感は否めないが、そのかわりに賑わいのある路上空間が誕生した。さらに、上階の壁面から細い鉄骨材で床を持ち出し、内部空間やバルコニーが拡張されている。

もとの外壁面からの出幅が約50cmから2mを超すものもあり、華奢な構造のため外から見ていると落ちてこないか心配になる。実際内部に入ってみても足元がフカフカして心細い。

遊び心あふれるタイガー・ケイジ

　鉄格子のフェンスで覆われた増床部分は、その姿から「虎の檻（タイガー・ケイジ）」と呼ばれている。幾何学模様や植物などをモチーフとした鉄格子に、色とりどりの植物が添えられた大小さまざま種々雑多なフェンスが、まるで外壁にぶら下がっているかのようだ。道路に張り出したタイガー・ケイジは、ひとつひとつ見ると住民たちによる身勝手なデザインに見えるが、少し離れてファサード全体を見ると、ひとつの建物としての統一感がある。

　こうした工事は、構造計算もなく日曜大工的に進められていて、そこに暮らす人びとの日々の生活の歴史や知恵と工夫の蓄積、そして計画をも凌駕するデザインの強さを感じる。とはいえ、これらの増築部分は決して安全なものではなく、建物本体も老朽化が進む。住民の高齢化も問題だ。

　団地は都心部にあることから、高度利用のために高層マンションへの建替えが進んでいる。安全性や経済効率などを考えると、その選択も理解できる。しかし、ここに堆積した人びとの生活の痕跡が消え、どこにでもあるようなマンションが建ってしまうのは残念だ。建築家や研究者、政府関係者によって、団地とそこに残る人びとのコミュニティを守ろうとする活動がおこり、新しい入居者がリノベーションしたり、民泊（Airbnb）に活用しようとする動きもある。すべての団地を今のかたちのまま残すことは難しいかもしれないが、団地をひとつの街として継承するハノイの人たちの今後の動向を注視したい。

ベトナムの団地

キムリエン団地。最上階に増床された屋根裏部屋に続く階段

フランソワ・チャールズ・ラジスケ旧邸宅。赤い瓦を載せたフレンチ・コロニアル様式

赤い瓦屋根のフレンチ・コロニアル建築

フランソワ・チャールズ・ラジスケ旧邸宅

MAP▶ハノイ⑮

赤い瓦屋根のフレンチ・コロニアル建築

ベトナム土着の赤い屋根

　ベトナムは19世紀後半から1954年までフランスの植民地だったので、当時のフランス建築の影響を受けた建物が数多く残されている。いわゆるフレンチ・コロニアル様式の建築である。

　タンロン城址とその周辺のシタデル・エリアとオペラハウス周辺のフレンチ・クォーターには、当時建設されたフレンチ・コロニアル様式の官庁建築や商人として移り住んだフランス人のための大邸宅が残されており、現在でも官庁や各国の大使館、政府要人の公邸として使われている。

　フランス入植直後に建てられたこれらの建物は、宗主国の権威を示すため、新古典主義様式の装飾が壁面や開口まわりに施され、当時フランスで流行していたマンサード屋根が採用された。しかし、ベトナムの蒸暑気候に適さない部分があるため、開口部を大きくし、その先に日除けとベランダを設けるなど、さまざまな工夫が凝らされている。しかし、居住空間としても使われた屋根裏に熱や湿気がこもるため、マンサード屋根は次第に減り、ベトナム土着の赤い色の瓦が葺かれた入母屋屋根が採用されるようになった。屋根頂部で熱や湿気を逃し、庇を四方に大きく広げることで強い日差しの侵入を防ぐのである。

　洋風建築に自国の伝統的な瓦屋根を載せる様式は、20世紀初頭の日本で盛んに建てられた帝冠様式を思い起こさせる。日本の帝冠様式は第二次世界大戦後には建てられなくなったが、フレンチ・コロニア

ルの入母屋は、トタンなどの近代的な材料に置き換わっているものの、瓦屋根を連想させる赤土の色が今でも数多く採用されている。

受け継がれる邸宅

フレンチ・クォーターと旧市街の境界付近にあるチャンカム通り（Chân Cầm）に、レストランが営まれていたフレンチ・コロニアル様式の建物がある。この建物はハ

ベトナム建築のディテールが施された庇

ノイのオペラハウスの設計者の一人であるフランス人、フランソワ・チャールズ・ラジスケの旧邸宅で、オペラハウス完成前の 1900 年前後にラジスケ自身によって設計されたといわれている。

暖炉を備えた、レンガ構造による 2 階建ての邸宅には、梁の装飾やエントランスのチェッカー（市松模様）の石張りの床など、他のフレンチ・コロニアル建築にはあまり見られないデザインが随所に施されている。伝統的なベトナム建築にみられる反りあがった庇のディテール、ファサードに刻まれた漢字などから、中国的なデザイン要素が取り入れられていることもわかる。

ラジスケがフランスに帰国したのち、この建物は裕福な医者の邸宅やスペイン大使館として使用された。フランス人シェフの手に渡った後も、年に一度ラジスケの子孫がフランスから訪れて食事をしたという。100 年を超える時間のなかでさまざまな生活の空気を吸い込み、新しい世代に引き継がれ、訪れる人たちに豊かな情緒を与え続けている。

赤い瓦屋根のフレンチ・コロニアル建築

2階テラス。増改築を繰り返す周辺の建物とは対照的なフレンチ・コロニアル様式のアーチ。

次頁：エントランス。フレンチ・コロニアル様式としては珍しいチェッカーの石張りの床と梁のディテール

都市の大市場

木陰のような市場

その土地ならではの名物を見たり食べたり、現地の人たちとの触れあいが楽しめる市場めぐりはベトナム旅行の楽しみのひとつだ。建物のデザインも地域によって多種多様なので、ここでは建築としても注目してほしい市場を紹介したい。

ホーチミン最大級のベンタイン市場（Chợ Bến Thành）は、いつもたくさんの観光客で賑わっているが、建物を囲む回廊では近所の人たちが立ち話をしたり涼んだりしていて、地域に根付いた場所でもある。

19世紀末、かつてのベンタイン市場は、現在よりさらにサイゴン川に近い位置にあった。椰子の葉で葺いた屋根が架けられただけの吹きさらしの建物が等間隔に並ぶ当時の写真からは詳しい構造を知ることはできないが、現在の建物と同様、屋根頂部に換気用の小さな屋根が載っている。

火災で焼失後、1912年に現在の場所に建設された新しい市場は、不燃化のため鉄筋コンクリート構造が採用されたとも言われており、約13,000m^{2}のほぼ正方形の敷地は、隙間なく建物で埋め尽くされている。敷地中央を十字に貫通するプロムナードは天井が高く、周囲との高低差を利用して設置されたハイサイドのガラスルーバーは、奥まった空間にも光を取り組み、内部にこもった熱を外に逃がす。このプロムナードは市場内の目抜き通りになると同時に、風の通り道や明かり取りといった役割も担っているのだ。

ハノイ旧市街の老舗市場

ドンスアン市場（Chợ Đồng Xuân）はハノイ最大級の市場で、市場内にとどまらずその周辺にも、食器や衣類をはじめさまざまな商品を扱う卸売の店舗が軒を連ねている。1873年、フランスが旧市街の

露店を広場に集めて管理したのがこの市場の始まりで、1890年には頂部に小さな屋根を載せた5つの切妻屋根が連なる建物が建設された。その後、二度の戦火をくぐり抜けてきたものの、1994年の火災により内部のほとんどが失われてしまう。幸い、新古典様式の装飾が施されたアーチ形の妻側のファサードだけは創建当時の姿が現在も保存されているので、フランス統治時代の面影をうかがうことができる。

　このファサードを抜けた先には、3層吹抜けの大空間にボールジョイントで継いだカマボコ形の鉄骨トラスが架けられ、その上にトタン屋根が張られている。今ではすっかり古びてしまったが、1階中央には噴水が据えられているので、人びとが集まる広場を意図した、ショッピングモールのハシリになるはずだったのかもしれない。いまやそんな計画を逸脱し、広場には店子のブースが侵食して、人や物があふれ、子どもたちが駆け回る。丁々発止のやりとりをする姿、積み上げた商品の上で食事や昼寝をする店主、遊んでいるのかと思うほどふざけあいながら手伝いをする子どもたち……この大きな吹抜けを中心に、ベトナム人の素の姿が見られる。

1890年に建設されたベンタイン市場。建替え前の姿
（出典：Collection of photograph edited by the Saigon Consulate General in 2002）

ベンタイン市場。鉄筋コンクリート造の梁でつくられた大空間

市場外周のアーケードでは、買い物客や近隣の住民が休憩したり立ち話をしたりしている

ハイサイドライトのディテール

前頁：ベンタイン市場。プロムナードに設置されたハイサイド・ライト

都市の大市場

ドンスアン市場。中央に設けられた大きな吹抜け空間

路上の市場

クー市場。急激に近代化するホーチ
ミン市の風景から取り残されている

路上の市場

ハノイ旧市街。採れたての収穫物を売り歩く女性たち

季節を運ぶ路上市場

　車道から歩道までバイクや車で埋め尽くされた大通りから少し入ると、網の目のような路地が広がり、開発から取り残されたかのような素朴な日常生活があふれている。毎朝どこからともなく現れる小さな店では、生鮮野菜や食肉が売られている。その多くは、椅子や陳列台を並べてつくられた仮設の店で、お昼過ぎになると片付けられて跡形もなく消えてしまう。

　ベトナムは農業国なので、ハノイなどの大都市でも少し郊外に出れば田園風景がひろがっているが、都市化が進んでいるわりに流通システムが発達していないので、自ら採れたての収穫物を自転車で運んで売る農家のおばちゃん、さらには天秤棒をかつぎ路上で野菜を売る女性の姿を今も見かける。

　山のように積み上げた旬の野菜、十数羽のニワトリやアヒルを放り込んだ籠、豚まるごと一頭を荷台に載せたバイクが走る姿は、ベトナムの都市に暮らす人びとに季節の移り変わりを伝えてくれる。

消えゆく路上の「古い市場」

　ホーチミン市のトン・タット・ダム通り（Tôn Thất Đạm）には、年季の入った木製の店舗が建ち並ぶ。1912 年、ベンタイン市場が移転する際、中国広東省からの移民を中心とする店子はベンタイン市場を離れ、この通りに移ったのだ。その経緯から移転後のベンタイン市場を「新しい市場（Chợ Mới）」、そしてトン・タット・ダム通りの市場を「クー（古い）市場（Chợ Cũ）」と呼ぶようになったと聞く。

　通りに並ぶ店はいずれも屋台のようなたたずまいだが、仮設ではない。急激な都市化によって高層ビルが建つ周囲の風景から取り残されたかのような場所であっても、ホーチミン市の一等地に位置するため、立退き命令が出され、店舗の数も少しずつ減り続けている。現在の店のオーナーたちは要求に応じず居座っているというわけだ。

　この通りには広東省出身者のための交流会館があり、都会に出てきたばかりの者に資金を貸し付けて商売の援助をしたり、はるばる遠方からやってきた商人のための宿舎を用意したりしていたそうだ。こうしたコミュニティが築かれたことから、路上市場が派生したのだろう。現在は生鮮食品が主に扱われているが、かつてはアメリカやフランスからの高級輸入品など品揃えも豊富で、「この市場にくれば何でも手に入る」と言われるほど住民たちに親しまれていた。

　2015 年、私がここを初めて訪れたときには、高級輸入品はなく、生鮮食品やストリートフードが売られる市場になっていたが、地元の人たちの生活の場として大いに賑わっていた。写真家の大木宏之さん

路上の市場

もホーチミン市に拠点を移した当時、この市場の近所に住んでいて毎日のように通っていたそうだ。その後、その賑わいは少しずつ失われ、今では寂れたシャッター商店街のような雰囲気で、訪れるたびにさみしい気持ちになる。しかし、この通りに代々居を構える中華系住人の話を聞くと、私のようにノスタルジーに浸るどころか、ホーチミンの一等地であるこの場所で新しいビジネスに挑戦しようと、外国人にも喜ばれるようなレストランとバーを開いたという。遠く中国から渡ってきた商人たちの魂は受け継がれているようだ。

市民の台所

ハノイには路上市場のほかに、たくさんの公営市場があり、その多くは小学校1学区程度の「Phường（坊）」という行政単位で管理されている。鉄筋コンクリート造や鉄骨造の建物だけでなく、廃材を組み立てたバラックのような市場もあり、野菜、肉、魚、乾物、雑貨などのゾーンに分かれて店舗が並ぶ。ローカル料理を食べられる屋台も軒を連ねる市民の台所だ。

こうした公営市場で扱う商品は、エリアによって少しずつ異なる。日本人が多く暮らすエリアではサンマやアジなど日本人が好む食材を扱っているし、湖の近くの市場では美味しいタニシが食べられる。

ベトナムで暮らしていると、美味しいチェー（ベトナムのスイーツ）はギアタン市場で食べられる、あの特別な調味料は隣町のスアントゥイ市場に売っているといった口コミ情報をよく耳にする。日常生活に市場は欠かせない存在なのだ。パッケージ化されていないむき出しの食材が積まれた市場の店先に立つと、日本人である自分でさえなつかしさを感じるのはなぜだろう。うるさい売り子との値段交渉も面倒なのに、つい足が向いてしまう。

次頁：クー市場。バラックのような店が建ち並ぶ

ダム市場。スタジアムのような円形の市場

ローカルのちょっとディープで豊かな市場空間

円形ドームと回廊

　ホーチミン市からバスで国道1号線を北に向かったニャチャン（カインホア省）は、人気のビーチリゾートだ。もともとはひなびた漁村だったが、フランス統治時代に政府要人用の避暑地として開発された。

　ニャチャンの中心部にあるダム市場（Chợ Đầm）は、円形競技場のような姿をしている。周囲の建物も同心円状に広がり、この市場はまさにこの地域の中心的な存在となっている。

　1階外周にはハイサイドライトからの自然光が差す薄暗い回廊がまわる。建物中央にある2階には、花びらのように広がった折板屋根の中心にドーム屋根が架けられ、上空から見るとベトナム国花の蓮の

ロン市場

ホム市場。市場中央の吹き抜け。細長い吹き抜け空間にヴォールトのガラス屋根がかかる。ワッフルスラブや柱と梁の取り合いなどのディテールがよく考えられている

トゥーザウモット市場。幾重ものアーチが架かる倉庫のような大空間。構造体のアーチと屋根を分節し、ハイサイドライトを用いることで、屋根が浮いているように見える

ローカルのちょっとディープで豊かな市場空間

花が浮かんでいるようだ。ドーム屋根に嵌め込まれたガラスブロックによって、光の模様が描かれている。ベトナムの市場はシンプルな構造の倉庫のような大空間が多いなか、この市場では機能に応じて細やかな空間演出が工夫されている。

大胆な空間を支えるこだわりのディテール

　ハノイ・ドンスアン市場から南に下ったフレンチ・クォーターに19世紀末に開かれたホム市場がある。かつては朝の商売を終えたドンスアン市場の商人たちが売れ残った商品を持って集まり、夕方に開かれる市場であった。1階の一部では果実が売られているが、残りのスペースは視界が遮られる程の布の山で埋め尽くされている。中央の大きな吹抜けを支えるワッフルスラブや細い柱にとりつく梁のデザインなど細部にも工夫が凝らされ豊かな空間を生み出している。幾何学的なパターンや規則的な構造で表現されたファサードは、当時ベトナムの建設を支援していたソ連の影響だろうか、エントランスの上に立方体を重ねたオブジェが載せられ、道路沿いの立面は梁とブレースや外壁の分節によって小気味よいリズムのパターンが描かれている。屋上は開放されて、エアロビクス教室など、地域住民の憩いの場としても活用されている。

　ほかにも、鉄筋コンクリートのアーチが幾重にも架けられたビンズオン省旧市街、トゥーザウモット市場（Chợ Thủ Dầu Một）、龍の装飾で彩られたナムディンのロン市場にある二重螺旋の階段、ダナンにある立体的な動線が楽しい買物空間のハン市場など、着目して欲しい例を挙げればキリがない。建設された時代の技術やその土地にあった建築構法、風土が生む建築文化を色濃く残す各地の市場はベトナム建築を味わう醍醐味にあふれている。

ロン市場

ロン市場。八角形の屋根から光が落ちる二重螺旋の階段

音楽と政治と戦争の舞台

ハノイ・オペラハウス。舞台から客席を望む

ハノイ・オペラハウス

MAP▶ハノイ⑮

音楽と政治と戦争の舞台

ハノイ文化のランドマーク

　蒸し暑いハノイの夜、まるで縁日のような賑わいのなか、車が溢れる大きなラウンドアバウトに面して鎮座する劇場がライトアップされ、闇に浮かび上がる。ハノイに遺されている多くの仏領インドシナ時代の建物のなかでも、このオペラハウスはとりわけ華やかだ。

　コンサートが開かれる夜、ドーリス式とイオニア式を折衷したような柱が立ち並ぶ劇場前の大階段には、色鮮やかなドレスをまとう観客たち、水やお菓子の売り子、大声でチケットを売るダフ屋のおばさん、子どもを連れたベトナム人家族など種々雑多な人たちでごった返している。

　劇場内に入ると3層吹抜けのメインホールに迎えられる。中央にある白亜の大理石でできた大階段を人びとが行きかう様子はまるで演劇の舞台のようだ。586席の馬蹄形劇場は2階席からも舞台に手が届きそうなぐらいのスケールで、臨場感溢れる演奏や演劇が楽しめる。

　国営百貨店や証券所が建ち並ぶ目抜きのチャンティエン通りの突き当りに、約10年の歳月を要して建設され1911年に開業したこの劇場の設計には、パリのオペラ・ガルニエの設計や建設に加わった建築家たちも参加している。当初の計画では現在よりも装飾が少ない簡素なデザインだった。現在の姿に至るまで何度も追加や変更が施されており、その変遷を伝える古い図面や建築資材などが館内に展示されている。

政治・戦争の舞台にも

　第二次世界大戦後、この場所は歴史の大きな舞台にもなった。1945年に起きた八月革命ではベトナム国民に蜂起を呼びかける集会が開かれ、ホー・チ・ミンが2階のバルコニーから広場に集まる数千もの国民に向かって演説した。1946～54年のインドシナ戦争で

は戦場ともなり、「鏡の間」の鏡の1枚には当時の弾痕が今も残されている。戦後、フランス軍が撤退、正式な国会議事堂（バーディン会堂）ができるまでの間、国会が開かれていたことからも、この劇場はベトナム国民にとって重要な歴史的史跡だろう。

日本人が率いるベトナム国立交響楽団

ベトナムには1959年に創設されたベトナム国立交響楽団という管弦楽団がある。発足直後にベトナム戦争がはじまり活

鋳物の手摺には数種のデザインが施されている。
踏面はチェッカーや幾何学模様のセメントタイル

動休止を余儀なくされたが、戦争が終わって人びとが少しずつ平穏な日々を取り戻しはじめた1984年から本格的な活動を再開した。現在は、2001年から音楽監督、首席指揮者として就任している本名徹次氏のもとで、国内各地をはじめアメリカやイタリアなどでも演奏を行っている。この楽団はハノイ・オペラハウスを本拠地とし、定期演奏会が行われているので、ぜひコンサートがあるときを選んで、すばらしい演奏と優雅な社交場の雰囲気を楽しんでいただきたい。

前頁上：ハノイ・オペラハウス。列柱が建ち並ぶ正面ファサード
同下：3層吹抜けのメインホール。観客を迎えるシンメトリーの大階段

ホー・チ・ミンが国民に向けて演説したバルコニー

鏡の間。インドシナ戦争中に受けた弾痕が右手奥の鏡に残る

社会主義建築と熱帯モダニズムの融合

ソ連の建築家、ガロン・イサコヴィッチ

1969年9月3日、アメリカ率いる南ベトナムとの戦争中にもかかわらず、革命の指導者であるホー・チ・ミン国家主席が逝去した。すぐに彼を讃える霊廟の建設が計画され、死後から6年が過ぎた1975年9月2日に完成。市中心部のバーディン広場に面するこの建物の中にはホー・チ・ミン国家主席の遺体が安置されている。

この霊廟は当初ベトナム人が設計を進めていたが、最終的に設計をまとめ上げたのは北ベトナム政府の招聘によりハノイにやってきたガロン・イサコヴィッチというソ連の建築家だった。イサコヴィッチはソ連の英雄レーニンの故郷、ウリヤノフスク市にあるレーニン記念博物館を設計した建築家である。ベトナムはそんな彼に社会主義の英雄にふさわしい建築を期待したのかもしれない。結果、高さ10mを超える大きな基壇に、角柱を配したコロネードによって正方形の屋根を支えた重厚な計画が採用されている。

24時間態勢で警備され物々しい雰囲気を醸し出す一方、廟の前は朝方の暗いうちから市民が散歩をしたり体操したりと親しみやすい広場となっている。

水平に広がるファサード

イサコヴィッチはホーチミン廟のほか、ハノイでいくつかのプロジェクトの設計を行っており、そのひとつが越ソ友好労働文化宮（Cung Văn hóa Lao động Hữu nghị Việt - Xô）である。1902年に開催されたハノイ万国博覧会の跡地に計画され、1985年に完成した。

総合科学図書館 | ホアビン・シアター

劇場など3つの施設で構成されている文化複合施設で、チャンフンダオ通り（Trần Hưng Đạo）に面するメインの劇場は、間口が約100m、高さが33mの4階建てで、メインファサードには扁平で奥行きのある柱が並べられたコロネードに反り上がった大屋根が架けられている。周囲には大規模建築が多く建設されているが、その中でも比類なき大きさの間口を誇るファサードは、竣工から40年近くも経つ今もなお強い存在感を放っている。

外は広く内は深い熱帯モダニズム

80年代、ベトナム南部に多く建てられた熱帯モダニズム建築の特徴がよく表れているのが、ホーチミン市内に建つ総合科学図書館（Thư viện Khoa học Tổng hợp TP.HCM）だろう。幾何学模様と漢字のような模様や龍を象った日除けが覆う外部テラスが2層の基壇を囲み、強い日差しから守られた心地の良い読書スペースとなっている。熱帯地域の知恵でできた建築スタイルだ。内部空間に立つと風の流れが感じられ、熱気はそれほど気にならない。

越ソ友好労働文化宮の竣工と同時期、南部の中心ホーチミン市に建設されたホアビン・シアターという劇場も熱帯モダニズム建築のひとつといえるだろう。格子の日除けが取り付けられたダブルスクリーンのファサードには、建物の上部構造が覆いかぶさるような庇が架かる。入り口ロビーにはアイアンワークのフェンスが嵌められ風通しがよく、空調設備がなくても十分に涼しい。

越ソ友好労働文化宮や総合科学図書館に比べると間口は狭く、宙に浮いているようなダイナミックな構造だ。当時の副首相で革命家になる以前は建築家として南部で活躍していたフイン・タン・ファット氏の指揮のもと、ソ連とベトナムの建築家が協力して設計したとされている。

ホーチミン廟

越ソ友好労働文化宮。正面に並ぶ奥行きのある扁平柱に支えられた庇下の空間

総合科学図書館。日除けとテラスが低層部を囲む

上：ホアビン・シアター。上部のボリュームがダイナミックに飛び出す
下：シアターのロビー開口部に嵌められたアイアンワークのフェンス

社会主義建築と熱帯モダニズムの融合

総合科学図書館。日除けとテラスに囲われた閲覧室。エアコンなしでも快適に過ごせる

同、外観。間口が広い2層の低層部分は閲覧室。
中央に建つ塔状の建物は収蔵庫として計画されている

戦争の記憶を残すハノイのホテル

ソフィテル・レジェンド・メトロ
ポール。3 層吹抜けのエントラ
ンスと上階の客室に続く階段

戦争の記憶を残すハノイのホテル

最高級ホテルに隠れた戦争遺構

　ハノイにあるソフィテル・レジェンド・メトロポールは、1901年に開業した老舗ホテルだ。当時のハノイには海外の要人に十分な対応ができるホテルといえばここ以外にはなく、日本も含め多くの国の大使館がここの客室に置かれていた。創業から現在に至るまでハノイにある最高峰のホテルのひとつである。

　中庭にあるプールの脇には、ベトナム戦争の時代につくられた防空壕が残されている。戦時中、街のいたるところにつくられた防空壕の多くは道路に設置されたマンホールのような細長い小さな穴だったが、このホテルにある壕はVIP専用で、深さ約4m、天井高1.85m、広さ40m² 弱のスペースがあり、6つに区切られている。内壁は2層のコンクリート防護層で覆われており、当時はホー・チ・ミン主席の防空壕の次に頑丈といわれていたそうだ。換気口を設け、長時間の滞在にも耐えられるようにつくられているとはいえ、実際に入ってみるとその閉塞感から息苦しさを感じ、この中で爆撃が終わるのを待ち続ける状況を想像するとさらに息がつまる。そんな体験をした最も著名な人物が、ベトナム反戦運動で有名なアメリカ人フォーク歌手、ジョーン・バエズである。彼女は1972年12月のハノイ爆撃の際にこの壕

の中に避難し、そこでベトナム戦争の反戦歌「Where are you now, my son?」を歌った。

　戦争の終結とともにこの壕は長らく忘れ去られていたが、2011年、プールを拡張するための現場調査で偶然発見された。ホテル関係者の中に壕の存在を知る者はいたが、はっきりした場所はわからなかったという。急速な経済発展を経て戦争の記憶は薄れつつあるのだろう。宿泊者はこの壕を見学できるので、ベトナムが華やかに繁栄した時代につくられた優雅なホテル空間だけでなく、その地下に遺された悲しく厳しい時代の痕跡もぜひ感じ取ってほしい。

戦争記念に贈られたタンロイ（勝利）ホテル

　西（タイ）湖のほとりにあるタンロイホテルは、ベトナム建国30周年のお祝いとしてキューバから贈られ1975年に開業した。設計者はCIAM（近代建築国際会議）にも参加していたキューバ人建築家ニコラス・キンタナである。キューバはベトナムと同じく社会主義国で、ベトナム人建築家の中にはキューバで学んだ者も多い。

　湖沿いの道路から突き出た一本道のアプローチから見える本館とエントランスに互い違いの方向に架けられた、両端が反り上がった2枚の大きな屋根が、重力やハノイの重苦しい湿気から解放するような軽やかさを表現している。

　湖に向かって開いた宿泊棟は、鉄筋コンクリート構造で表現された柱や梁の軸組みによって、均整がとれたプロポーションと大スパンを可能としている。湖上の宙に浮く建築の開放感と、客室や廊下を通り抜ける湖からの風は、フレンチ・コロニアル以降ハノイに数多くつくられてきた壁式構造とは一線を画し、心地よい。キューバの建築家による熱帯モダニズム建築の一端が表れた作品だ。

戦争の記憶を残すハノイのホテル

ソフィテル・レジェンド・メトロポールに残る防空壕。分厚く重い鉄扉で仕切られた地下空間

防空壕から地上へ続く階段

次頁上：タンロイホテル。
湖上に浮かぶように建つ客室棟
下：同、客室と湖面の間に設けられた廊下

混沌の中の楽園

隔絶された楽園

　ドンコイ通り（Dong Khoi）とホーチミン市民劇場に面して建つホテル・コンチネンタル・サイゴンは、1880年にフランス人商人が開業したベトナムで初めての本格的な西洋式ホテルだ。創業当時に植えられた2本のプルメリアの木が心地よい日陰を生む中庭では、優雅に朝食をとる人びとの姿や、結婚式やパーティーの様子が見受けられ、創業から約150年の歴史と風格を感じる。

　ベトナム戦争時、1階のバーは各国特派員が集まる情報交換の場所となり、2階の客室でニューズウィーク誌とライフ誌がそれぞれサイゴン編集局を構えていた。戦火が広がる外部とは断絶されたかのように平穏さを保っていたこの中庭は、戦時を過ごす外国人にとって、慣れない土地での暮らしや戦争への不安を忘れることのできる唯一の楽園であっただろう。カトリーヌ・ドヌーヴ主演『インドシナ』、ロビン・ウィリアムズ主演『グッドモーニング，ベトナム』をはじめ多くの映画にも登場する、仏領インドシナ、ベトナム戦争時代のサイゴンを語る上で欠かせない場所だ。

変転するファサード

　沢木耕太郎のエッセイ『深夜特急』にも登場するサイゴン川を望むホテル・マジェスティック・サイゴン。屋上のバーでは雄大な熱帯雨林の川のうねりを眺めながら、水面からの涼しい風を感じられる。

ホテル・コンチネンタル・サイゴン。アーチ形の装飾を施した家具が客室を仕切る。窓の向こうには隣接するホーチミン市民劇場が見える

宿泊棟に囲まれた中庭。創業当時に植えられた 2 本のプルメリアが日陰をつくり、過ごしやすい

ホテル・マジェスティック・サイゴン。
客室に囲まれたプール。ホテル・コンチネンタル・サイゴンの中庭同様、周囲の喧騒から隔絶された空間

上：同、屋上のバーからサイゴン川と街並みを望む
下：フランス統治時代を彷彿とさせる現在の外観

混沌の中の楽園

1925年、華僑実業家によって開業されたときの姿は、アール・ヌーヴォー様式のような有機的な曲線を多く用いた造形であったが、その後その姿を何度も変えていく。1941年の日本軍南部仏印進駐の際には、フランス植民地政府から日本政府に貸出され、「日本ホテル」と日本語で書かれた看板が掲げられた。第二次世界大戦後の1950年代、5階建て

ホテル・マジェスティック・サイゴン。楕円を描く螺旋階段

に増築する際に大きく変更されたファサードは、オーナメントもなく直線的なデザインで、シンプルというより開業時の華やかな雰囲気が失われ、少し寂しい印象だ。

ドイモイ政策後の1990年代、さらなる改装が行われている。このときは新古典主義的なオーナメントをもったバルコニーや、アール・ヌーヴォー風アーケードを歩道に面して設置するなど、フランス統治時代を彷彿とさせる街並みを復活させた。経済開放とともに観光客も増えたことから、古都の雰囲気づくりのためのデザインにあっさりと切り替えるところは、ベトナム人のしたたかさを感じる。

キリスト教の伝播と教会建築

フランス産材でつくられたベトナムの教会建築

　ベトナムの主要都市にはたいてい大きな教会がある。現在、人口の約1割がキリスト教信者といわれているが、古くから仏教、儒教、道教の影響が深いこの国にキリスト教が伝わったのは大航海時代の16世紀始めごろ、ベトナムを訪れた宣教師によって農村を中心に布教活動が広がった。各都市の教会はこうした布教の拠点かつシンボルである。

　そして19世紀後半、フランス統治時代には統治国としての政治的・文化的影響力を高めるため、ホーチミン市とハノイ市の中心部に大聖堂が建設されている。1880年に建設されたサイゴン大教会（聖マリア教会：Nhà thờ chính tòa Đức Bà Sài Gòn）は、ベトナムの大規模なゴシック様式の教会建築として最も歴史が古い。市民劇場や老舗ホテルが建ち並ぶドンコイ通りの西端に位置し、フランス統治時代に建てられた郵便局など重要都市施設に囲まれていることからも、ここがかつて街の中心であったことがうかがえる。高さ62mの2本の塔を両脇に据えた赤々としたレンガ積みの外観が、南国の青い空に映える。建設当初、この双塔は陸屋根だったが、後にとんがり屋根となり、換気窓が設けられ、現在のような姿となった。

　設計者はフランス人建築家ジュール・ブラールで、建設に必要な鉄材、コンクリート、石材、釘などの資材はフランスから調達された。正面ファサードにはマルセイユから運ばれたレンガが使われている。フランス入植後、ベトナムの主要建築物は、木造からレンガ造を経

キリスト教の伝播と教会建築

サイゴン大教会。正面ファサードには、建設当時フランスから輸入された赤いレンガが積まれている

て鉄筋コンクリートラーメン構造＋レンガ仕上げへと変化していくのだが、外壁はモルタルで塗られているのが大半で、サイゴン大教会のようにレンガ積みをそのままファサードの表現としている例は少ない。当時のクオリティが維持されており、「さすがフランス産のレンガだけある。今でも美しい赤色だ」と言われるほどホーチミンのランドマークのひとつとして大切にされている。

パリへの憧れ、フランスの権威

　サイゴン大教会が建てられた 6 年後の 1886 年、ハノイ大聖堂（聖ヨセフ大聖堂：Nhà Thờ Lớn Hà Nội または Nhà thờ Chính tòa Thánh Giuse）がホアンキエム（還剣）湖の近くに建設された。サイゴン大教会と同様、ゴシック様式の建築だが、地元で製造された材料が使用されている。モルタルで平滑に仕上げられた外壁は、時を経て黒ずみ、ハノイ特有の灰色の空と相まって、廃墟のような佇まいを醸し出していた。しかし、最近の改修ではグレー一色に塗られてしまい、市民からは昔の姿を惜しむ声もある。しかし、高温多湿で蒸し暑い夏が長いハノイの気候では、すぐに古びた姿に戻るだろう。

　クリスマスには華やかに飾り付けされ、たくさんの人がミサに参加している。内部に入ると一転して壁、天井とも白く塗られた空間がまぶしいほどで、ステンドグラスから優しい影が落ちている。ステン

ハノイ大聖堂。リブヴォールトの天井が掛かる身廊にステンドグラスを介した光が差し込む

ドグラスには「1905France」と描かれていることから、この空間が100 年以上にわたって美しく保たれていることがわかる。

　ここで紹介した二つの大聖堂の周囲には、大きな建物が建ち、現在は街に埋もれてしまっているが、建設当時は市街地のどこからでも見えるランドマークかつフランス文化の象徴として屹立していたことだろう。

ローカル化する教会建築

フランス人建築家による教会のローカル化

タンロン城の城壁の北門（MAP▶ハノイ❸）のフィン・ディン・フン通り（Phan Đình Phùng）にフランス人建築家エルネスト・エブラールが設計した北門教会（Nhà Thờ Cửa Bắc）がある。大きなバラ窓のある本堂の隣に鐘楼が高くそびえる。

エブラールはパリのエコール・デ・ボザールを首席で卒業した優秀な人物で、1921年、インドシナ各都市の都市計画を担うべくハノイにやってきた。彼はエコール・デ・ボザール・インドシナに建築学科を開設し、教鞭をとりながら歴史や民俗学を学び、ベトナムだからこそできる新しいデザインを模索した。当時のベトナムではフランス本国のものを輸入・複製したような建築様式が主流であったが、彼はフランスの建築技術をベトナムの文化や気候環境に対応させたインドシナ様式を見出し、ハノイでいくつかの設計を通じて実践した。そのひとつがこの北門教会である。

北門教会は、主に屋根において、二つの特徴が現れている。ひとつは祭壇のある内陣に掛かる八角形の屋根。これは「八卦」の宇宙観に由来し、ベトナムの寺や宮殿など重要な建築の屋根によく用いられていた形である。もうひとつは庇を支える構造のディテール。軒はエンタシスの列柱に架けられたアーチによって支えられているが、軒から先の庇の部分がアジアの木造建築に特徴的な斗栱によって支えられている。この斗供はモルタルで造形されたもので、寺院でみかける木造のものほど複雑ではなくシンプルな幾何学的造形に置き換えられており、西洋的なファサードのモチーフと違和感なく連続している。

北門教会の軒。斗栱のような造形とオーダーのようなモチーフが融合する

　エブラールが手掛けた建築として、ベトナム国立歴史博物館（▶ MAP ハノイ⑯）やインドシナ大学（現ハノイ国家大学▶ MAP ハノイ⑭）、インドシナ政庁財務部（現外務省）も現存している。ベトナム歴史博物館は北門教会と同じく八角形の屋根と斗栱が特徴的だが、八角形の開口や直線的な棟飾りが追加され、斗栱も何重にも積み重ねられたりと、ベトナム的な要素がより強調されている。

ベトナム人の手による教会建築

　ハノイから車で2時間ほど南下したニンビン省に位置するキムソン教区（Kim Sơn）は早くから布教活動が行われた地域で、今でもキリスト教信者が多い。この地には、石造＋木造建築としては東南アジアで最大規模の教会、ファッジエム大聖堂（Nhà Thờ Phát Diệm）が

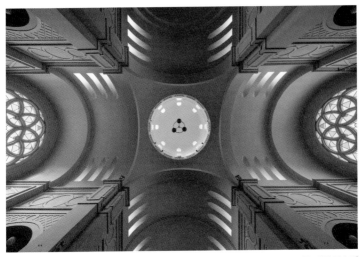

同、内陣見上げ

ある。ベトナム人のチャン・ロック神父によって設計され、1875 年から 20 年以上かけて建設された教会で、南北に細長い敷地の南側から池、鐘楼、本堂が配され、本堂の裏にあたる敷地北端には奇岩によって山が築かれるなど風水思想が反映されている。

　正面の石造りの鐘楼は砦の門のような構えで、その上には軒先が反りかえった木造屋根が架けられ、鐘が納められている。この形状はベトナムで Dinh と呼ばれる村の集会所によく見られるもので、重要施設の建築ボキャブラリーとしてこの鐘楼にも採用されたのであろう。さらに、棟飾りに聖人や十字架の彫刻が配された幾重もの屋根が重なり合うなど、キリスト教と在来宗教が混在するベトナムのキリスト教観を垣間見ることができる。

　木造であるがゆえに大開口が可能となり、側廊上部のバルコニーか

前頁：北門教会。滑らかなヴォールト天井に直線的なスリットを穿ち、内部に光を落としている。リブヴォールトを用いたゴシック様式にはない納まりに建築家エブラールの存在を感じる

上：ファッジエム大聖堂。梁には、ベトナムの寺院などでよく見かける彫刻が施されている
下：正面に石造りの門があることから通称「石の教会」とも呼ばれる

門楼に架けられた反り上がった屋根は、ベトナム農村の集会場「Dinh」によく用いられる形態。屋根の上は十字架やキリスト教の聖人の石像で飾られている

ら身廊に光が降り注ぎ、開口の小さなレンガ造では難しい明るい内部空間が実現されている。寺院建築のスケールを超えた木造大空間を支える大断面の木の列柱には迫力がある。

　一方、ファッジエム大聖堂の同時期、中部高原のコントゥム省に建てられたコントゥム（Kon Tum）大聖堂には、この地に暮らすバナ族による民族的な装飾が施されている。ベトナム人の手によって築かれたこうした教会を訪れると、地元の建築工法や意匠によって、なんとか教会建築を成立させようとした試行錯誤の跡が見受けられる。

　インドシナ様式は、宗主国であるフランス人建築家による仏越折衷の建築様式であるにもかかわらず当時のベトナム人からも人気があったそうだが、エブラールがベトナムを離れた1927年以降に建てられたインドシナ様式建築は、小規模な住宅数軒にとどまる。主な住宅や官庁建築は当時ヨーロッパで流行していたアール・デコ様式へと移行し、その流れは現在まで続いている。エブラールやチャン・ロック神父によってつくられた西欧とローカルが融合した建築は、ベトナム建築史におけるひとつの特異点といえるかもしれない。

ファッジエム大聖堂の身廊。ベトナム建築在来の木架構に大きな開口が設けられている

ナムディンの教会群

教会が連なるナムディン

　ファッジエム大聖堂が建つキムソン教区を深夜に発ち、午前4時、隣省のナムディン（Nam Dinh）に向けて真っ暗な田舎道を車で走っていると、どこからともなく鐘の音が聞こえてくる。その音が通り過ぎるころには、また次の鐘の音が耳に届く。まるで数珠つなぎのように音が連なる闇を走り続け、空が白みはじめたころ、突然4、5軒の教会が田園風景に浮かびあがる。

　ファッジエム大聖堂のあるキムソン教区同様、早くからキリスト教が布教された農村地帯、ナムディン省は人口200万人のうち約40万人がキリスト教徒とされている。フランス人とイタリア人の司教によって、1895年に建立されたナムディン大聖堂（Nhà Thờ Lờn Nam Định）は、トンキン湾に面したこの地域のキリスト教信仰の中心のひとつだ。

　正面に鐘楼を携えて、礼拝を行う身廊にはゴシック様式の特徴のひとつであるリブヴォールトの複雑なアーチが架けられている。アーチ壁の間に設けられた小さなステンドグラスの窓から差し込む光が、青色の板が張られた天井曲面に反射して、空間全体をやわらかく照らす。ゴシック様式のボキャブラリーがちりばめられているが、その色合いは爽やかだ。床や壁の一部は安価で加工しやすいテラゾーで仕上げ、幾何学模様や神話が描かれている。質素だが愛嬌のある、長年地域に愛されている教会である。

ナムディン大聖堂。中央にひとつの鐘楼を構えた簡潔
なファサード

廃墟の教会

　夜明け前、ナムディンの海辺に到着すると、波打ち際まで手で押せ
るほど小さな舟が一斉に漁に出かける様子に出会う。運良く漁船に乗
り海から浜を眺めると、トンキン湾につきだした岩の上に立つ塔が現
れる。現在は廃墟になってしまったハイリー教会（Nhà Thờ Đổ Hải
Lý）である。空が明るくなると、海水浴客やこの廃墟教会で撮影し
ようと訪れた人たちで賑わう。

　この教会は1940年代にフランス人建築家によって建設されたが

ハイリー教会の近くに残る廃墟教会。周囲には新しい教会がいくつも建っている

1996 年に起こった海岸浸食により放棄され、現在のような姿になった。満潮になると床上まで浸水するため年々老朽化が進行していたが、数年前から SNS などを通じて注目されるようになったことから、波による浸食からこの廃墟を守ろうと、周囲に堤防が築かれた。

　もはや教会の機能としてメインとなる祭壇や礼拝スペースは失われており、鐘塔だけがなんとかその姿を保っている。たしかに廃墟ではあるのだが、朝日に照らされて、暗闇から徐々に浮かび上がる朽ちた鐘塔の姿はとても荘厳で、教会だったときよりも神聖さが増しているのではないかと思うほど。今やこの地のアイコンとして広く知れ渡ることとなったこの廃墟は、まるで岬に立つ灯台のように、海と地域の人々の生活を見守っている。

前頁：ナムディン大聖堂。爽やかな色合いの木製リブヴォールト天井が架かる

海に面して建つ、廃墟となったハイリー教会

ツギハギ建築ハノイ駅

モダンとフレンチ・コロニアル様式のパッチワーク

　ハノイ旧市街から南に少し下り、ホアンキエム湖を過ぎると、1900年代初頭に大規模なフレンチ・コロニアル様式の邸宅が多く建設されたチャンフンダオ通りに至る。この通りを西に向かうとT字路の突き当りに、フラットな屋根が架かる格子模様のファサードが現れる。さらに近づくと、その両翼に約250mにおよぶボリュームが広がる堂々とした建物の全容が明らかとなる。中央はモダンな建物だが、その両脇はマンサード屋根に象徴されるフレンチ・コロニアル様式のデザイン。対照的な二つの様式が接ぎ合わされたようなチグハグな建物だ。

　中央ファサードの格子模様の上には直線的なゴシック体で「Ga Hà Nội（ハノイ駅）」と掲げられている（最近、英語で「Hanoi Station」という筆記体のサインも付け加えられ、これがさらにチグハグさを強調している）。そう、南部の大都市ホーチミン市までベトナムの国土を32時間かけて縦断する統一鉄道や、中国との国境を越える鉄道など、ベトナム内外をつなぐ数多くの路線が乗り入れるハノイ最大の

ターミナル駅だ。駅舎裏のプラットフォームは大荷物を持った行商人や外国人バックパッカーで溢れている。

　ハノイ駅は、フランスが中国の地下資源の獲得や軍事的侵略の布石として計画し、1910年に開通した中国雲南省・昆明とハノイをつなぐ全長855kmの中国国境沿いの険しい山中を抜ける鉄道の拠点駅として建設された。近くに建つインドシナ雲南鉄道会社本社屋（現総労働組合連合ビル▶MAP ハノイ⓫）も、駅と同様マンサード屋根が目を引く建物で、同時代の庁舎建築に比べて規模が大きいことからも、鉄道計画への当時の期待と莫大な投資がうかがい知れる。

戦争の傷痕とそれを飲み込む前向きなデザイン

　さて、冒頭で紹介した「チグハグ」には理由がある。ベトナム戦争中の1972年、アメリカによる北爆で流通拠点のハノイ駅は標的となり、駅舎の中央部分が激しく破壊され、戦後、分厚い屋根が載ったシンプルな直方体が嵌め込まれたのである。規則正しく並ぶ柱の間に格子の日除けが配置されている。ホーチミン廟（P. 50）と同様に旧ソ連の影響を感じさせるフラットで厚みがある屋根を携えた端正なデザインと両脇のフレンチ・コロニアル様式が、ベトナムの近代史が重層する独特な風貌を形づくっているのである。

ハノイ駅。両翼250mのフレンチ・コロニアル様式の駅舎。ベトナム戦争中に爆撃された中央部は近代的なデザインで改築されている

給水塔スケープ

ハノイのかわいい円筒給水塔

　ハノイ市内のファン・ディン・フン通りは、フランスが持ち込んだアフリカ原産のマホガニー（Cây Xà Cừ）という樹木でアーチが架けられた、オートバイで走るとハノイで一番心地の良い通りだ。その東端、ハノイ旧市街の北のはずれに、高さ25 m、直径19 mの円筒形、1894年にフランスにより建設されたハンダウ給水塔（Bốt Nước Hàng Đậu）がある。

　給水塔の外周は水平に3層構成の装飾が施されている。1層目がアー

ラウンドアバウトの真ん中に建つハンダウ給水塔をバイクが周回する

チ構造、2層目が石積み、3層目はスタッコが塗りこめられていて、どこかかわいらしくもある。せいぜい2階建ての建物しか建っていなかったような時代、丸い円筒形の巨大構築物は、ベトナム人の目にはどのように映ったのだろうか。威圧的なボリュームだったと思うのだが、3層に分割された装飾がヒューマンスケールで柔らかな印象を与え、住民にも大切なインフラ施設として受け入れられたに違いない。

そもそもこの給水塔は、フランス人高官の間で赤痢が蔓延したため、衛生状況の改善を目的に建設されたのだが、旧市街と隣り合う場

2月3日通りの給水塔

給水塔スケープ

所柄、周辺に住むベトナム人住居にも飲料水を供給、下水道も整備された。この時にベトナム人の衛生意識は大きく変化したのではないだろうか。

　現在はたくさんのバイクがその周囲をぐるぐると旋回しているが、建設当時はラウンドアバウトとして馬車が、その後は路面電車が外周を走っていた。貯水だけでなく、大通りのアイストップとしてつくられたランドマークである。給水塔としての機能はすでに失われているが、上手に保存、活用して、ぜひ後世まで残してほしい。

ホーチミン市の住宅街に浮遊する巨大給水塔

　ホーチミン市街で見かける給水塔のほとんどが、逆円錐の鉄筋コンクリート製タンクが張り出したキノコ形である。一本足で支えられたその容量は 1200 m^3 から大きいものでは 8000 m^3 にも達し、ホーチミン市の住宅地のスケール感をはるかに超えていて、際立った大きさを感じさせる。ハノイのそれとは対照的に、何の装飾もなく無骨な幾何学形態で、建物の間に浮遊したように不意にヌッと現れるさまは、SF 映画の悪役要塞のようだ。

　これらの給水塔は、南ベトナム時代に SAWACO（サイゴン水道総公社）などによって計画され、1965 年から 1969 年にかけて建設された。巨大給水塔はホーチミン市内に 8 基あるが、建設直後からすべての給水塔で水漏れが発生し、建設から約 40 年間給水塔としては一度も使用されることがなかったといわれている。近年、給水塔記念遺産として 1 基のみ残し、7 基は取り壊されることが決まった。給水塔の役割は担えなかったとはいえ、ホーチミン市に残る近代の痕跡がまたひとつ消えるのは残念だ。

歴史を刻むハノイの橋

フランス製の踊る龍

　ハノイ旧市街の外れに流れる紅河（Sông Hồng）に架かるロンビエン（龍編）橋は、その名の通り龍が踊るようなかたちをしている。ワーレントラスが採用された鉄骨トラス橋の上弦が、まるで踊りうねる龍の背中のように屈曲しているのだ。といっても設計・施工を担ったフランスのダイデ＆ピーユ社が龍をイメージしてデザインしたかどうかはわからない。

　予算にも限りのあるなか、設計者は鉄材の製作限界を考慮し経済性を高める設計を目指したに違いない。橋桁の数を減らすためスパンを大きくしようとした結果、このようなユニークなかたちが生み出されたのであろう。ロンビエン橋という名も秀逸で、その意味が「龍」と知るとなんだかよりダイナミックな姿にも見えてくる。

　この橋は1887年、仏領インドシナの成立以降、フランスによってベトナム国内の交通インフラが整備されるなか、ハノイから中国雲南省を目指す路線の鉄道橋として1899年に着工、1902年に完成した。完成当初はときの総督の名前にちなみドゥメール橋と名づけられている。仏領インドシナ初の大型土木プロジェクトで、全長1700mという規模は建設当時、世界で2番目の長さだった。

ロンビエン橋。踊りうねる龍の背中のように波打つワーレントラス橋

ロンビエン橋の下に広がる生鮮品の卸売市場、ロンビエン市場

歴史を刻むハノイの橋

　現在のわれわれから見ても迫力のあるユニークな形状なのだから、建設当時のハノイ市民にとっては驚くべき構築物であっただろう。交通の効率化だけではなくフランスの権威を知らしめるのに十分なプロジェクトだったのではないだろうか。

　鉄道橋として建設されたが、現在はバイクと歩行者も側道を通行することができる。近くで見ると遠景の印象に反し繊細な構造であることがわかる。上弦下弦の材料には大きな断面の鋼材が使われているが、トラス構造の腹材は幅50mmほどの細いアングル鋼材を束ねて組み上げられているのだ。手仕事が生み出す素朴な立体感が、親しみやすい表情を生んでいる。

　しかし、橋の中央部はベトナム戦争時代に空爆で破壊されて以来、もとの特徴的な構造は今も失われたままで、橋桁の下に鉄骨トラスを架け補強している。破壊された部分をもとのデザインに改修しようという声も時々浮上する。完成当時の優美な姿もぜひ見てみたいところだ。歴史がいっぱい詰まったこの橋には、多くの人びとが夕涼みにおとずれ、側道には露店が出るなど、市民に愛されている。

中国とソ連による鉄骨の2層橋

　ロンビエン橋の上流にあるタンロン橋は、2層の鉄骨トラス構造で、完成した1985年から長らくハノイの玄関口、ノイバイ空港と市内をつなぐ主要なアクセス道路だった。全長3250mの垂直材が付いたワーレントラス構造で、下層は鉄道とバイク、トラスの上に載る上層は自動車専用道路で、ロンビエン橋のような優美さはないが、無骨で迫力がある。質実剛健にベトナム工業の発展を支えてきた。

　この橋は1974年から中国の経済的、技術的支援により建設がはじめられたが、両国の関係が悪化し中国が撤退したあとはソ連が工事を

引き継いだ。社会主義の二つの大国からの援助を受けたが、さまざまな苦労の末に、延べ11年の歳月を経て完成した。

紅河に刻まれたハノイの新風景と失われた風景

　年々増加するハノイ中心部への流入人口に対応するため、2000年代に入って次々と橋が建設された。2015年、ロンビエン橋とタンロン橋の間に完成したニャッタン橋もそのひとつで、全長は3755m。設計・施工ともに日本の企業が担い、鉄筋コンクリートのA字形主塔からケーブルで吊られた東南アジア最大級の斜張橋である。

　ここで紹介した橋は建設当時の政治や技術、思想などハノイの持つ歴史を紅河の風景に刻んでいる。紅河は、長年ハノイの水運の要として機能する一方、ハノイ中心地と周辺地域を分断する存在でもあった。2010年ごろまではバイクや車を対岸に運ぶフェリーが発着する渡しがあり、それはそれで風情があった。しかし、相次ぐ橋の建設で、現在ではハノイ近郊の河岸で渡しを見ることはない。水面を近く感じられる市民の足が失われたのは残念だが、今後は遊覧船や親水広場など紅河の水辺に触れる新しい風景が生まれることを期待している。

タンロン橋。鉄道と道路が上下に走る2層の鉄骨橋

グエン朝の建築群

グエン朝王城。午門正面

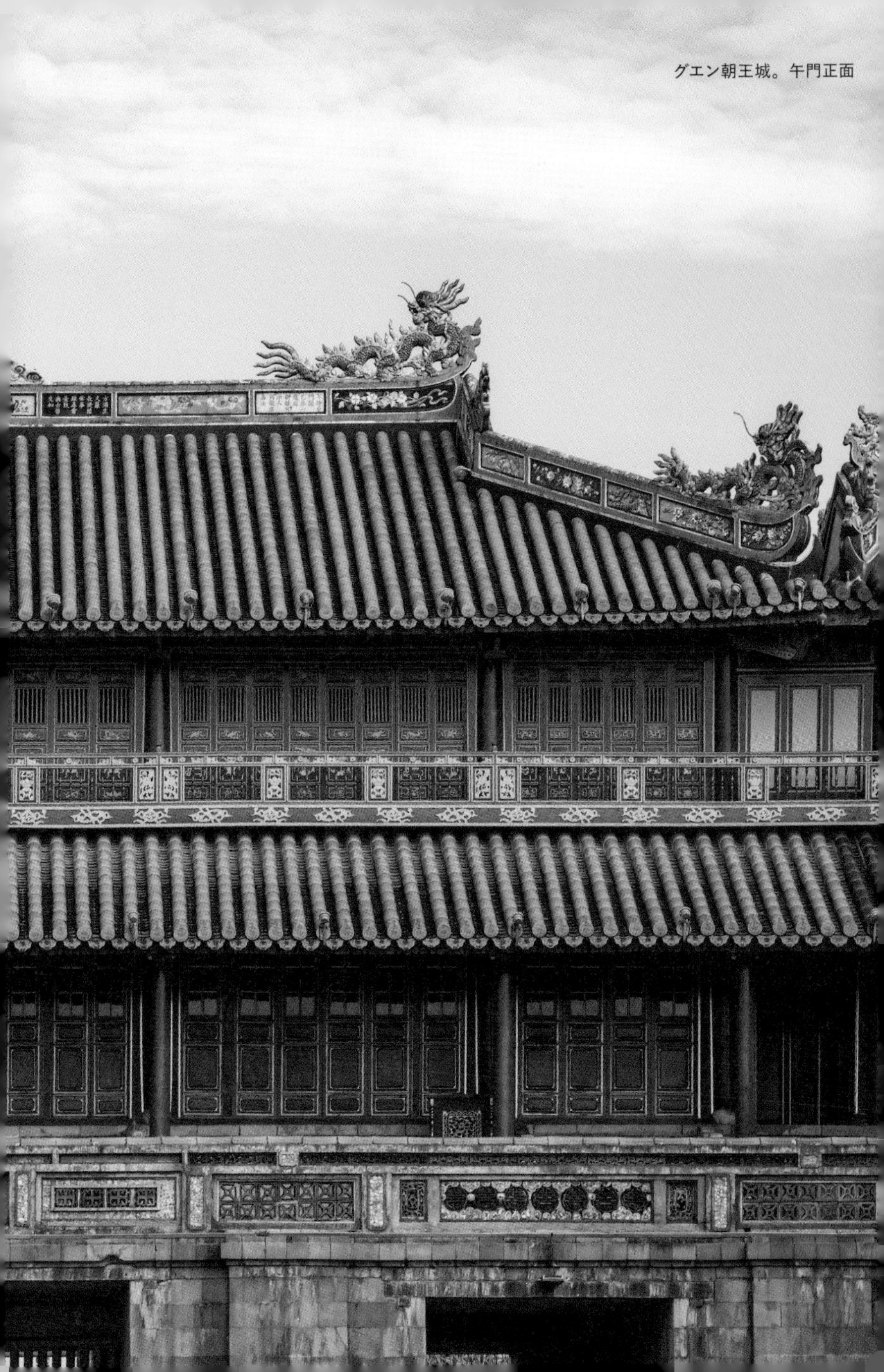

グエン朝の建築群

古都フエとはいうけれど

　ベトナムの古都といえばフエを思い浮かべる人が多いだろう。といっても首都としての歴史はフエよりもハノイの方がずっと長い。ハノイは1000年都市と呼ばれるが、フエはせいぜい150年、それでも最後の王朝があったせいか古都とよく称される。日本で古都といえば奈良や京都だろうが、その歴史と趣は大きく異なるようだ。

　私が初めて訪れたとき、16人乗りのミニバスに乗り合い、夜中にフエに到着したのだが、闇に浮かび上がる黒々としたレンガ造の城壁や巨大なフラッグタワーの威圧感に息を呑んだ。東西約650m、南北約550mの王宮を囲むその城壁の高さは6ｍ。グエン（阮）朝時代は、さらにその外側に22km四方、厚さ21ｍの城壁があったという。つまり私が見たのは、かつてのグエン朝王城全体のほんの一部なのだが、優雅な王の住まいというよりも頑強な砦のような迫力を感じた。

　翌朝、再び訪れると、その全貌が明らかになる。王宮の顔である皇帝一行専用の午門を支える石積みの砦のような土台は無骨だが、木造の見張り台は、繊細な装飾屋根が架かり風が吹き抜けるピロティ形式である。王宮は北京の故宮をモデルにしており、午門を過ぎるとその軸線上に歴代皇帝が政治を行った太和殿が見えてくる。北京のそれに比べるとずいぶん小さいが、棟飾りの龍の透彫などベトナム独自の装飾も見受けられる。

　さらに奥の壁に囲まれた皇族の居住区、いわゆる紫禁城には、ほと

んど建物が残されていない。南北に細長いベトナム国土の真ん中に位置するフエは、ベトナム戦争で南北の軍隊が衝突する最も過酷な戦地となり、王城内の多くの建物もその戦禍で破壊された。現在の午門や太和殿の一部は復元されたものだ。

ベトナム独自の文化を育んだグエン朝

　フエは、グエン朝初代皇帝ザーロン帝が開発した都市だが、宮殿に色濃く残る中国の建築様式と、堀に残る鋸の歯のようなギザギザ模様が特徴のフランスのヴォーバン式要塞は、王朝の行く末を暗示している。新王朝成立後も大国中国への朝貢は続き、1884年にはフランスの保護国となった。

　それでも現在のベトナムの国土をほぼ確定したこの王朝時代には、無形文化遺産に登録された宮廷音楽ニャーニャック（雅楽）や世界の記憶に登録された木版画や詩歌など、ベトナム独自の文化が醸成された。1802年から13代にわたり続いたグエン朝の歴代の皇帝の霊廟からも、各時代の文化の蓄積をうかがい知ることができる。1993年には王城、霊廟などのグエン朝時代の建築物を含め「フエの建造物群」として世界遺産に登録されている。

中華モデルからベトナムモデルへ

　第2代皇帝のミンマン帝（明命帝）は、午門をはじめ王城内外に多くの建物を建設している。そのひとつは、王城から2kmほど離れた住宅街に突如現れる虎園（Hổ Quyền）とよばれる闘技場の遺跡だ。直径約20mの壁に囲まれたフィールドでは象と虎との闘いが行われ、壁の上から歴代皇帝が見物したという。ベトナムの象徴たる象が必ず勝つように、敵国の象徴たる虎の牙や爪を事前に抜いたといういい伝

上：午門（夜景）。石積みの基壇にピロティ形式の櫓が建つ
下：午門よりフラッグタワーを望む

カイディン帝の時代に立てられた太平楼。戦災をまぬがれた数少ない建物のひとつ

同、屋根のディテール。棟や軒の飾りに色とりどりのタイルやガラスの破片が使われている

グエン朝の建築群

虎園（鳥瞰）。住宅地にぽつんと建てられた円形闘技場

えもある（虎が気の毒だ）。

　ミンマン帝陵（Lăng Minh Mạng）は王城から南に 10 km ほど離れたところにあり、深い森に囲まれている。外からは陵の様子をうかがうことができないが、森を抜けて徐々に建造物が見えていくアプローチは、ここが神聖な場所であることを暗示させる。この廟は、在位中にキリスト教の弾圧を行うほどのフランス嫌いで、当時の中国、清をモデルに国の体制を築いたミンマン帝自身が設計したというから、清の影響が色濃いのだろう。軸線に対して左右対称に建物が並び、全体的に威厳を感じさせる整然としたプランだ。

　ミンマン帝のみが通ることを許されている開かずの門から帝の功績を刻んだ石碑が安置される建物の間には墳墓の守護のため文官、武官、象、馬などの石像が置かれ、段上の広大な広場を抜けると皇帝と皇后

ミンマン帝廟（鳥瞰）。山に向かって延びる軸線上に建造物や門が配置されている

の位牌が安置される崇恩殿に至る。赤色と金色に彩られたこの建物は、この陵墓の中で最も絢爛豪華だ。

　崇恩殿の脇を通り、裏口を抜けると雰囲気ががらりと変わる。それまでは固くて権威的な雰囲気だが、池やそこに架かる3本の橋、緑があふれる庭の真ん中の丘の上に建つ小さくて質素な建物、明楼を仰ぎ見ると、俗世界から離れたまさに桃源郷を目にしたような驚きをおぼえる。庭の奥の塀にある小さく質素な木製の扉を抜けると、もうひとつの小さな池が行く手を遮り、橋が1本だけ架かっている。橋の両端に柔らかい雲の装飾が架かった門があり、大きな丘の形をした墳墓への入り口がその奥に控え、川を境に向こう側はあの世だということを十分に感じさせるシークエンスを体験できる。最初の大紅門から丘のような墳墓まで建物が一直線に並ぶシンプルな配置だが、まっす

ミンマン帝廟。崇恩殿の裏手の門から明楼を仰ぎ見る

ミンマン帝廟。軸線に沿って配置された各建物の屋根並み。奥に行くほど少しずつ高くなる段状の地盤

カイディン帝廟。十字形の燭台のような装飾

ぐ歩いて墳墓に着いたときには、帝の供養のために長い旅路を巡礼して、最後に帝のいるあの世に辿り着いたような気分になるのである。

脈々と受け継がれるブリコラージュ的手法

　グエン朝の皇帝陵の大半が平坦で広大な土地に造営されているが、王城の南 8 km ほどに位置する第 12 代皇帝のカイディン帝（啓定帝）の霊廟（Lăng Khải Định）は、山の麓を切り開いたテラス状の地形の上に建てられている。下段の門や中段にある碑亭の壁の漆喰細工は、西洋古典的なオーダーらしき柱の間に王宮にも見られるような龍が施されている。それらが陶器の破片のモザイク装飾でところどころ彩られ、鮮やかな緑や青い空を背景にすると、禍々しい印象さえ受ける。

　最上段の霊廟・天定宮は、さらに圧倒的な密度の装飾が施されている。入り口にあたる啓成殿の壁は、ベトナムの四季の花や動物が陶器やガラスのモザイクで描かれているが、日本から輸入されたビール瓶のカケラも含まれていて、「NIPPON」や「SAKURA」の文字を見つけることができる。鳥の羽を 1 枚ずつ、多彩な破片で色分けするその極彩ぶりに対して、天井はモノクロで絡み合う龍が描かれ威厳に満ちている。

　霊廟中心の部屋には、金箔が貼られた青銅製のカイディン帝の像が、キンキラの王座に祀られ、陶器やガラスのモザイク装飾が壁一面、隙間なく施されている。ギリシャ建築の柱だったり龍や獅子だったり、西洋と東洋のモチーフが混じりあうことなく、過剰な密度で押し合い圧し合い、ぶつかり合っている感が否めない。傀儡政権だったグエン朝歴代皇帝のなかでも、カイディン帝はフランスに擁立された皇帝だった。パリに渡った経験から、陵の造営はバロック様式を目指したといわれるが、白や金を基調とした華やかな装飾というより、膨大な

カイディン帝廟。ビール瓶の破片を使ったモザイク装飾

量のさまざまな種類の欠片で埋め尽くされた毒々しい空間だ。

　陶器やガラス瓶の破片によるモザイク装飾は、ベトナムでは一般的な装飾手法で、寺院や現代の住宅の塀にもよく見られるが、いつから用いられるようになったかはわからない。しかしカイディン帝廟のブリコラージュ的バロック空間を訪れると、身近にある材料を利用したモザイク装飾の手法は、この場所を基点に脈々と受け継がれてきたのではないかと思わずにはいられない。

カイディン帝廟の天定宮。青銅製のカイディン帝像がおさめられている

ベトナム原始の城

自然堤防を利用した螺旋の城郭

ハノイ市中心部から北上し、ニャッタン橋を渡り車で15分ほどのドンアイン県は、紀元前257年、ベトナムの古代国家、甌雒（Âu Lạc：オーラック）が建国された場所として有名だ。年に一度、このオーラック国の初代国王、安陽王を讃えるお祭りが催され、今もたくさんの人が訪れる。

安陽王は、中国の王朝・秦による攻撃に備えベトナム最古の城郭、古螺（コーロア：Cổ Loa）城を建設した。その名のとおり、城壁が螺（たにし）のように螺旋を描いているのが特徴で、紅河やその支流が長年土砂を運んでできた自然の堤防を利用している。日本の城郭でも、外堀から本丸までの距離を稼ぐために螺旋状の通路や階段が張り巡らされているが、コーロア城は三重の城郭（外郭の周長約8km、中郭の周長約6.6km、内郭の周長約1.6km）を築いて外敵の侵入を防ごうとした。土塁と水堀が渦を巻くように形づくられ、有機的なランドスケープが形成されたのである。

高さ5〜10m、幅20mほどあったといわれる巨大な土塁は、現在もところどころに残っている。雑草に覆われた高さ2〜3mほどの痕跡をたどると、道教や風水の影響を受けたグリッド都市にはない、ベトナム原始の世界観が純粋に体現されていたであろうかつての城郭の姿が思い浮かぶ。

結局、この城郭は秦に攻められることはなかったが、広東を拠点とする南越国の謀略により建国50年後の紀元前207年に滅亡したといわれている。王族の居住区だった場所には、現在、安陽王を祀るお寺と、謀略によって南越国の王子が身を投げたと伝わる井戸が残されている。

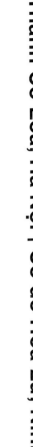

コーロア城址（鳥瞰）。城壁沿いにあったといわれる水堀が確認できる

タワーカルストに囲まれた天然の要塞

オーラック国の滅亡後、中国に 1000 年間支配された北属期を経て
ベトナム北部を統一したディン（丁）朝は、紀元後 968 年にホアルー
（Cố đô Hoa Lư）に都を置き、外城、内城の二重の城壁を持つ城郭を
築いた。ハノイから南に約 100km に位置し、城壁の内側は約 300 ha
に及んだといわれている。しかし、ホアルーが首都として機能したの
はたったの 40 年で、城壁などはすでに失われ、ベトナムの始皇帝ディ
ン・ティエン・ホアンを祀る祠廟などが遺っているのみだ。

ホアルーも含めたチャンアン（Tràng An）地域は 2014 年に世界遺
産に登録された。チャンアンは中国の桂林のようなカルスト地形で、
タワーカルストが林立する風光明媚な土地だ。周囲のタワーカルスト

カルスト地形の山々が連なるチャンアン（ニンビン省）

や北西を流れるホアンロン江を砦として利用した難攻不落の天然要塞
であったが、それゆえ平地が少なく、長期的な発展を目指す新都市建
設にはあまり向かない土地だったのだろう。

　現在ホアルーやチャンアンが位置するニンビン省は観光地として発

展し、現地のおばちゃんが器用に操舵する足漕ぎボートでカルスト洞窟を巡るボートツアーで有名だ。岩山を登って見下ろすとその絶景も楽しめる。岩山の上から川の上から、ぜひその美しい風景を楽しんでほしい。

山に擬態するタイー族の集落

山に貼りつく循環型住居

　ベトナムは 54 の民族からなる多民族国家だが、一般にベトナム人といわれるのは、人口の 8 割を占めるキン族で、残り 53 の少数民族の多くは、山間部で固有の生活様式や文化を維持しながら暮らしている。本書の執筆にあたり、8 の少数民族が暮らすベトナム最北部のハザン（Hà Giang）省を訪れた。

　中国との国境に近いソンロー川沿いにあるタイー族の村は、山間部の中でもひらけた盆地にある。山に自生する椰子の一種で「ラーコー（Lá Co）」と呼ばれる葉で葺かれた急勾配の入母屋屋根が架かる高床式住居が、谷の斜面に築かれた棚田や山の起伏に沿って並ぶ。山の葉に包まれたような住居群が山肌に擬態して風景に溶け込む。各住居には池が備えられ、豚の飼料になる浮草の下を魚が泳ぎまわるアクアポニクスのような共生環境がつくられている。

　天井の高い小屋組み現しの内部に入ると、谷側の開口から母屋の高窓を通り抜ける風を感じる。山側のスペースは炉が切られ、居間やダイニングといった家族の憩いの場となっており、10 cm ほど床を上げた谷側のスペースは寝室のように使われていて、ひとつの大空間ながら、ちょっとしたゾーニングがなされている。床下の土間では水牛や豚、鶏などの家畜を飼育したり、精米などの農作業が行われたりする。日差しが強く暑い季節には子どもの遊び場にもなる半屋外の居住空間だ。構造は木造で、外壁は木材や編んだ竹でつくられている。私が2012 年に訪れたとき、竹で編まれたふかふかの床に座ってお茶を飲んでいると、足元から家畜がうごめく音や鳴き声が聞こえてきて、家畜との距離を直に感じる生活の在り方に驚いた。人間と自然や家畜との境界にソリッドな壁をつくったり距離をとったりするわれわれ日本人やいわゆるベトナム人とも異なり、目の粗いフィルターのような床

や壁ごしにそれらと隣り合って暮らしている。しかし、その距離感も少しずつ変化しているのか、木材など資材の入手が以前より楽になっているのか、現在は板敷の床やコンクリートボードの外壁も増えているようだ。

　ラーコーの葉で葺かれた屋根は、今でも約35年ごとに葺き替えられているそうで、今回私が訪れたときにも村人が協力して大きな葉を刈り取り集めていた。建築文化や技術は変化がともなうものだが、葺き替え作業はコミュニティを維持する大切な習慣でもあるのだろう。この屋根の工法が失われないことを願う。

池の魚のフンは、家畜の飼料である水草の肥料になる。
循環型の生活を営むタイー族の高床式住居

タイー族の高床式住居。谷側の窓から母屋の高窓に風が通り抜ける

山に擬態するタイー族の集落

35年に一度行われる屋根の葺替えのため、村人が協力して屋根材となるラーコーの葉を集める
次頁：山肌に擬態するように点在するタイー族の高床式住居

土着化するモン族、ザオ族

赤ザオ族の民族衣装をまとう子どもたち

山空間に住むモン族の住居

　中国の苗（ミャオ）族が起源とされるモン族がベトナムに移住したのは 400〜500 年ほど前と比較的歴史が浅い。キン族やタイー族など他の民族との争いを避けるため、山奥を移動して暮らしたといわれている。もともと農耕民族で、焼畑のため移動を続けてきたモン族の典型的な住居は、柱や壁、屋根も木の板でつくられ、とにかく簡素でお金も手間もかけられていない。床は張らず土間で生活しているので、家屋の移設が簡単で売買もしやすい。現在はトタンやスレート板など現代的な建材も使われているが、移動を前提とした住居であることは変わらない。

　標高が高く寒いため、出入口以外に開口はなく昼間も暗い。内部も簡素というか、日本でいえばあばら家やバラックの類になるだろうか。間仕切りのないひとつづきの土間空間に、煮炊きをするための炉と高さ 30cm ぐらいの木製寝台が置かれている以外、家財らしいものはほとんどない。まるで極限住宅のようなモン族の住まいだが、必ずつくられるのが敷地から住居へのアプローチに積まれる石のフェンスだ。

土着化するモン族の住宅。外壁は現地の土を使い、内部には大きな祭壇が設けられ、家財も多い。
屋根裏には貯蔵のためのスペースが設けられている

焼畑耕作のため移動しながら暮らすモン族の住宅。土間に柱を立てただけの質素な内部空間

かつて中国からやってきた赤ザオ族の住居。
居間の祭壇には漢字で書かれたお札が貼られ
ているが、漢字の意味は理解できないという

土着化するモン族、ザオ族

路地や道路に対するアイストップとして配置し、建物への視線やアプローチを巧みにコントロールしている。石の積み方も美しく、内部になんの間仕切りもない倉庫のような住宅に比べ、そこには自然を上手に住みこなそうとする計画がしっかりとある。建物内部に比べて外構が少し立派過ぎてアンバランスではないかと思うのは、私が住まいを建物中心にとらえ過ぎているからかもしれない。モン族の住宅を訪れると、山でもいできたばかりのフルーツでもてなしを受ける。彼らにとって、建物の外も住まいの一部で、山はリビングやダイニングなのだろう。住宅は、睡眠や炊事といった生活の一部を支える最小限の器なのだ。

土壁で寒さをしのぐ、ハザンに定住する少数民族

ハザン省で生活する少数民族の住宅の多くは、その土地でとれる黄色い土でできたブロックを積み重ねた土壁が採用されている。前述したモン族のほかにも、ザオ族など、元来、焼畑移動耕作を営む民族は、土地を移動しながら耕作を続けていたが、焼畑の制限や定住化政策の影響で、土地が肥沃なベトナムに定住したといわれている。定住化が進むにつれ、解体しやすい高床住居から、建設には時間が掛かるが保温性が高く、山の寒さをしのぎやすい土壁の住居に変化した。自給自足が基本の彼らにとって、地場でふんだんに採れる土は魅力的で、こうした工法が定着したようだ。

ハザン省に暮らす8の少数民族のうち、中国から渡ってきたモン族や赤ザオ族、ザイ族の住宅を訪れると、祭壇や柱、梁などに描かれた漢字を見つけることがある。現在はいずれの民族も漢字を理解することはできないのだが、先祖から受け継いだ大切な漢字文化として祭壇や儀式の装飾に使われている。

モン族の王宮

秘境のアヘン王国

　ハザン省にはかつてメオ王（Vua Mèo）と崇められる男がいた。ヴオン・チン・ドゥック（1865〜1947）という名のモン族の男だ。若いころはこの地方に派遣されていたグエン朝の役人に仕えていたが、その間にさまざまな交易によって経済力をつけた。彼の交易の最も大きな商品はアヘンで、タイとラオス、ミャンマーの国境が接するゴールデン・トライアングルから中国にわたる地域のアヘン流通量の約3割を取り扱っていたともいわれている。アヘンの交易によって経済力をつけると、周囲に暮らすモン族とともに、当時のグエン朝やフランス政府から干渉を受けない存在になっていく。

　メオ王はハザン市とドンヴァンの中間に位置するサフィン（Sà Phìn）という地区に居城を構えた。現在はモン王の王宮（Dinh Vua Mèo）と呼ばれる砦のような建物で、少数民族のなかでもとりわけモン族の質素な住居と比べると破格の大きさと豪華さを誇っている。

中仏モン折衷の円形王宮

　メオ王は1919年に王宮の建設に着手し、約9年間の年月をかけて

モン王王宮。最奥の中庭より王の執務室を見る

モン族の王宮

完成させた。サフィン地域の岩山が切り立つ起伏に富んだ地形に囲まれた小さな谷に位置している。中国人の風水師に「この場所は亀の甲羅のかたちをしているから幸福が訪れる」と告げられこの地を選んだとされているが、それだけが理由ではないだろう。それぞれ中庭を持つ3つの宮殿は、総延床面積が約1000m^{2}ほどの2階建てで、宮殿を囲む高さ2m、厚さ80cmほどの正円の石垣は、山の起伏や住居の入り口を隠すように配慮されたモン族住居の柔らかなランドスケープデザインとは違い、のちのフランス軍との戦闘の際も、ホー・チ・ミン政権下で独立した存在であったときにも、防衛上の大きな助けになったに違いない。石垣に設けられた門をくぐってひとつ目の建物には親族が暮らし、二つ目には夫人と子どもの居室、一番奥の建物に王の住居と執務室が設けられている。その他にアヘンの貯蔵庫や武器庫なども備え、侵入者を銃で迎え撃つための穴があいた物見部屋もある。

　木造の柱、石積みの壁や土壁でつくられているこの宮殿は、フエの王宮と同様にはっきりとした軸線を持つ配置計画や、梁や柱に施される彫刻のモチーフなど中国的な要素が多く取り入れられているが、テラスにはハノイに建つフレンチ・コロニアル建築に見られるようなパターン設置された鉄格子が手すりとして用いられている。また装飾のモチーフとしてアヘンの花や果実が使われ、この王国がアヘンの力にいかに支えられていたかをうかがわせる。ハザン省にあるモン族の住居の装飾をよく見ると、王宮と同じアヘンの種を模した束石がよく使われていて、当時のメオ王の影響力を感じることができる。

　メオ王とその息子は、グエン朝時代からその崩壊まで、モン族や近隣の他の民族を率いて侵略してくるフランス軍に勝利し、この地域を治めていた。現在はベトナム政府の管轄地域だが、王の末裔は今でもこの周辺に暮らして、この旧王宮の管理をしている。

モン王の家族のためのダイニングルーム。当時フランスから輸入された家具が使われている

左：2階回廊端部ディテール。アヘンの花を象った装飾。右：宮殿エントランス。宮殿全体を囲む円形の塀から庇が反り上がる

スキップフロアのようにつながるザイ族の集落

ザイ族の住宅

スキップフロアのようにつながるザイ族の集落

ランドスケープと一体となった大きな家

　ハザン市から、国道 34 号線を車で東に 4 時間ほど進むと、中国国境近くの街、ドンヴァン（Đồng Văn）に到着する。毎週日曜日、周辺の集落で暮らす少数民族が手織りの布などの特産品や家畜などを持ち寄って市が開かれる少数民族の交易の街だ。

　ハザン市街からドンヴァンにかけてザイ族の集落が多く点在する。今回訪れたザイ族の集落は、舗装されていない山道をバイクで 1 時間ほど下った谷深くにある。日没後、ほとんど何も見えない暗闇の山中をバイクで走ると、まさにこの世とは隔絶された場所だと感じる。集落を囲む山を越えるとそこは中国だ。

　ザイ族集落の特徴は、住宅とランドスケープとの関係だろう。谷底の斜面に沿って高床式住居が密集して建ち、高床下の前庭から階段を上がり住宅の床レベルに至ると、その奥は隣の家の前庭につながる。庭や集落の路地も同じ素材でできており、集落全体がスキップフロアでつながる大きなひとつの家のようだ（子どもも猫もアヒルもゾロゾロとついてくる）。

ボーダーレス・ハウス

　ザイ族に限らず少数民族の多くが住居を建てる土地には、はっきり
とした敷地境界線はない。タイー族の高床の家では自然と人間、人間
と家畜の生活範囲の境界線が希薄だし、ザイ族の集落では住居間の境
界線も明確ではない。

　ベトナムの歴史は支配と解放の連続ともいえる。新しい為政者が現
れるたびに国土の境界線が更新された。現在、国境は地図にはっきり
と示されているが、辺境の地に暮らす彼らは国の境界がまるでないか
のような暮らしを続けている。国境を越えてベトナムにたどり着き、
今でもその国境を気にせず行き来している彼らにとって、目に映る中
国の山も自分の家の一部なのだろう。そこには線が引かれていないか
ら。

　ハザンの少数民族たちは、自分の居場所に広がる環境から生活に必
要なほとんどのものを手に入れ、環境との関係性に応じて境界をかた
ちづくる。自然からの影響をほとんど妨げることのない目の粗いフィ
ルターを竹で編んだり、周囲の影響を断ち切るような分厚くソリッド
なボーダーをつくったり、高床にすることで人間と自然との間のボー
ダーを調整したりと、その手法は多様だ。

　資本主義社会では、消費地とは遠く離れたどこかで大量生産された
生活必需品や嗜好品が、パッキングされて各家庭に供給されている。
住まいも同様に、建てる場所に関係なく生産された住居が、敷地境界
線というパックに入れて売られている。少数民族の住宅や生活を見て
いると、さまざまな境界線に囲まれる私たちの生活がちょっと窮屈に
思えてくる。

上：ランドスケープと一体となったザイ族の村
下：ザイ族の村に広がる棚田。奥に見えるのは中国の山並み

スキップフロアのようにつながるザイ族の集落

ロロ族の住居。黄色の外壁は定住した地域でとれた土でできたブロックを積んだもの

モン族の住居。軒下に干された既製品から、彼らの日常を垣間見ることができる

ハザン省サフィン周辺のモン族の集落。分解可能な板張りの簡易な造りの住宅が連なる

ベトナム生活図譜

ベトナムの生活を知る

カフェ文化

独特の香ばしさ、ベトナムコーヒー

　ベトナムにはいたるところにカフェがある。開放的なお店が多く、店先の歩道やバルコニーに椅子とテーブルを置いた外席が人気だ。インスタ映えするような奇抜な内装や色鮮やかな盛付で、若者で溢れかえるカフェも増えている。

　日本人に馴染みの深いアラビカ種ではなくロブスタ種のコーヒー豆を細かく挽き、アルミ製フィルターで淹れた濃いめのコーヒーに、コンデンスミルクを溶かし好みの甘さにして飲む。強い苦味の香ばしさと甘さが増幅して美味しい。

サロンとしてのカフェ

　旧市街グエンフーフアン通り（Nguyễn Hữu Huân）に「カフェ・ラム（Café Lam）」という1940年代創業のカフェがある。当時、そのカフェに通う画家の卵たちはお金がなかったので、コーヒー代の代わりに作品をカフェに置いていったそうだ。エコール・デ・ボザール・インドシナは、ベトナム人画家を輩出しているが、のちにベトナムで著名な画家となるグエン・サン（Nguyễn Sáng）やグエン・トゥー・ギエム（Nguyễn Tư Nghiêm）など、当時の若手作家の作品が、現在もこのカフェに飾られている。

　ハノイには、今もこうした

開放的なカフェ

カフェ・ラム（Café Lam）

アートサロンのようなカフェが数多く、ギャラリーを併設したり、週末にはコンサートが開かれる音楽カフェもある。今も昔もベトナムのカフェは文化拠点として機能している。

路上の茶店

ベトナムでの茶飲習慣は1000年前の文献にも記されているといわれ、小さな急須と茶碗を使う宮廷茶（茶道）も残っている（中国茶の作法と似ている）。

住宅やお店には祭壇（日本でいうと仏壇のようなもの）が必ず置いてあり、そこにはお茶をお供えする。また、ベトナム人の家に食事に招かれると、食後に必ずお茶をいただき談笑するなど、彼らの日常生活にお茶を飲む習慣は根付いている。

仕事の合間やちょっとした時間を見つけては、路上にある茶店で同僚や友人とチャー・ダー（Trà＝茶・Đá＝氷）、つまり氷が入った冷たいお茶を飲んで過ごす。お風呂に置いてあるような小さなプラスティック製の椅子を並べただけで、煮炊きができる設備もない、屋台ともいえないような店構えだが、気安い雰囲気で知らない者同士でも気軽に会話がはじまる場所で、老若男女を問わず人が集まるベトナムにおけるパブリック・スペースになっている。

路上の茶店

アルミ製のフィルターで淹れるベトナムコーヒー

少数民族の衣装

市場で買い物をする少数民族の女性

数々の技術でつくられる華やかな衣装

それぞれの民族が独自のデザインの衣装を持っている。少数民族の名称は衣装の特徴に由来することもあり、たとえば赤ザオ族はザオグループのなかでも赤い頭巾を身につけている部族のことで、モン族のなかでも華やかな衣装を身に着けているグループは花モン族と呼ばれる。

北部山岳に多く住む黒モン族の衣装は、藍で染めた麻布を主な材料として、多彩な糸を織り込んだり、刺繍やパッチワークで鮮やかな模様を描くなど、さまざまな技術で飾りつけられて

いる。バティック（﨟纈染め）といわれる手法の藍染めは、布に蠟で模様を描いてから藍で染めることによって、蠟が付いた部分には藍がつかず染め抜く方法。専用の鋭く尖った銅製のペンや幾何学模様のスタンプを組み合わせて、根気よく繊細な模様が蠟で描かれており、見応えがある。どの工程もわれわれにとっては気が遠くなるような作業だ。

代々継承される衣装づくり

われわれが北部山岳地域を訪れて驚くのは、そこで暮らす少数民族の多くが、今もなお民族

140

衣装に身を包み、生活していることだ。ハザン省では、赤ザオ族の女性が赤い頭巾に藍色のワンピースの姿で薪を背負って歩いていたり、モン族の女性が色とりどりの服に脚絆と手甲を付けた格好で山の中を歩き回っていたりする。サパの棚田を訪れたとき、麻糸を撚りながら子守をしているモン族の女性に話を聞くと、今でも毎年、家族全員一人一着、衣装を新調するそうだ。半年ぐらいかけて糸を撚り、機を織って藍染めをして仕立てるまでちょうど１年。私と同い年のその女性は、衣装をつくる作業は本当に大変だけど、やめようと思ったことはないし、自分の子どもにも仕立て方を伝

柴刈りをする少数民族の女性

えはじめているという。近年こうした地域にも、大量生産された衣服が出回るようになったが、現地で採れる材料だけで手仕事でつくられた民族衣装は、どれも本当に美しい。

機を織る黒モン族の女性

糸を紡ぐ黒モン族の女性

南国の星形要塞

ベトナムに点在する
ヴォーバン式要塞

　ベトナムには、函館の五稜郭のような星形要塞が点在している。これらはヴォーバン式という、大砲が主な防衛手段だった時代にフランスから渡った技術で築城された、当時のベトナムにはない近代戦闘要塞である。ツノのように飛び出した砲座を複層にすることによって、大砲の死角をなくす。その結果、放射状に広がるあの星形が生まれたのである。

　そもそもなぜベトナムにこんなにたくさんヴォーバン式要塞があるのか。グエン・フック・アイン（阮福暎）、のちのグエン朝初代皇帝ザーロン帝（嘉隆帝）は中部地方豪族の内乱、西山の乱（1771〜1802）の最中、フランス人宣教師や中国人技術者に築城の指導を依頼し、1790年ごろサイゴン（現在の

ホーチミン市）にベトナムで初めてのヴォーバン式要塞、バットキー城（Thành Bát Quái）を建設。この近代的で強固な城のおかげもあってか内乱に勝利したグエン・フック・アインは、中部の都市フエに新王朝を築き、ザーロン帝として、ベトナム全土にこのヴォーバン式要塞を建設した。第2代皇帝が築城したものまで含めるとその数は26にも及ぶ。

　バットキー城はのちの第2代皇帝により取り壊されたが、1836年、そのすぐそばに八角形のヴォーバン式要塞、ザーディン城（嘉定城：Thành Gia Dinh）が建設された。が、こちらはフランス軍の攻撃で1859年に陥落。その後、フランス統治時代に城壁は取り壊され、堀も埋められたので、現在ではその遺構を見ることはない。

ベトナム地形の隠れキャラ

　ヴォーバン式要塞のほとんどが要塞としての役目を終え、現在はベトナム軍の施設として利用されていたり（ベトナム北部バクニン省）、公園になっていたりする（ハノイ郊外ソンタイ市）。しかし、要塞の周りを実際に歩いてみると、人間の目線ではその形態がわからないというのが正直な感想である。周囲に住んでいる人に聞いても、ここが星形をしているなんて思ってもみなかったとのこと。多くの要塞は、もはや都市に溶け込んでいるのだ。

　ベトナムの衛星写真を見ていると、都市の中に星形の輪郭が突然現れたりする。かつての城壁や堀が道路や川として街の骨格の一部となっているのだ。ゲアン省都、ヴィンは要塞と街が溶け込んでいる様子が顕著に見てとれる。星形の道路や川の中に、住宅地があったり、サッカースタジアムがあったりと、かつての要塞の内側で今は人びとの暮らしが営まれている。ヴォーバン式要塞は、ベトナムの隠れキャラ的な存在なのだ。

ゲアン省ヴィン市の衛星写真。要塞内にスタジアムを見つけることができる

軍施設として利用されてるバクニン省バクニン市のヴォーバン式要塞

2点とも、GoogleMaps（画像 ©2023 CNES / Airbus、Maxar Technologies、地図データ ©2023）

ベトナムの食

フランスや中国からの影響

ベトナムに住んで10年ほどになるが、これだけ長く住める理由のひとつはベトナムの食にある。食材が日本と似ているし、私の住むハノイでは味付けがあっさりした日本人の好みに合うメニューも多い。主な調味料はニョクマムと呼ばれるカタクチイワシからつくられる魚醤で、多少癖があるがコクがあり、魚の出汁のような風味が出る。

ベトナム料理は、建築と同じくフランスや中国から影響を受けているメニューがたくさんある。最近日本でも見かけるようになったベトナム式サンドイッチ「バインミー（Banh My）」のパンは、もちろんフランスからの影響。日本のフランスパンに比べかなり軽く、サクサク食べやすい。プリン（キャラメルソース）などのスイーツも美味しい。中部の高原、ダラットではワインもつくられている。正直味はまだいまいちだが、少しずつ改良され、近年飲みやすくなってきた。

「ミー・ヴァン・タン（My Vằn Tấn：ワンタン麺）」や路

ベトナム式サンドイッチ「バインミー」

「コムビンザン（Com Binh Dan）」と呼ばれるハノイの食堂。家庭料理が楽しめる

上で売られている「バインバオ（Bánh Bao：肉まん）」、中秋の名月の時に食される月餅は、中国由来でベトナムに定着した代表的な食べ物だ。

地域で変わるベトナムの味

ベトナムの麺といえば、柔らかいうどんのような「フォー（Phở）」が日本で有名だが、そのほかにも、「ブン（Bún）」や「バインダー（Bánh đa）」などベトナムの米麺にはたくさんの種類がある。さらに、豆を材料とした春雨「ミエン（Miến）」、タピオカ粉でできた「バインカン（Bánh canh）」など、ベトナムの麺はバリエーションが豊富で、具や味付けは地方によって異なる。ブンで有名な料理「ブンボーフエ（Bún Bò Huế）」は、本場フエで食べると牛骨と豚骨でとったコクのあるスープが格段においしい。

ハノイを訪れた日本人に人気があるのは、「ブンチャー（Bún chả）」という焼豚やつくねがたっぷり添えられた甘いスープのつけ麺だ。一度食べると病みつきになる。南北に細長いベトナムでは、北部の味付けは塩や醤油をベースにした中国料理、南部の少し甘い味付けはタイ料理の味に似ている。中部で唐辛子の利いた辛い料理が多いのは、かつてこの地を支配していたチャンパ王国の文化の名残りといわれている。

ハノイで人気の「ブンチャー」

市場の中にある食堂

水上人形劇

水上人形劇「村の神輿行列」（タンロン水上人形劇場 MAP ▶ハノイ⑳）

1000年続くベトナムの
伝統芸能

　農民の暮らしを題材にした民話やベトナム国家建国の神話など、約400の演目を現代に伝える水上人形劇は、ベトナム北部の農村で娯楽として興り、のちに雨乞いの儀式として広まったといわれている。およそ1000年の歴史を持ち、15世紀ごろには宮廷の娯楽としても定着。現在はハノイ中心部にあるホアンキエム（還剣）湖のそばに専用劇場があり、毎日公演が行われているほか、中部の古都、フエにも劇場がある。

　ベトナム北部には池が多く、水上人形劇は農村の池に建てられた舞台で行われていた。水面を地面に見立て、舞台の後ろに姿を隠した人形遣いが長い棒で人形を動かし、棒に張られた複数の糸で首や腕を操る。激しい動きで派手に水飛沫が上がり、龍が舞うシーンでは火を噴き、狐が池を飛び出して木に登るなど、凝った演出がなされている。

ベトナム人のルーツが見える

ハノイ市内の劇場で上演される、田植の様子や農閑期に釣りを楽しむ農民たちの物語や、アヒルを襲う狐を必死に捕まえようとする老夫婦の動きをコミカルに描く演目では、昔の農村の生活の様子がうかがわれ、人形たちの動きには現代ベトナム人に通じる明るくおおらかな気質を感じる。レ朝皇帝のレ・ロイが神から授かった剣を神に遣わされた亀に還すホアンキエム湖を舞台にした伝説、国を生んだ龍と魚の化身の夫婦の神話を描く演目も人気が高い。

ベトナムの人びとは、涼をとったりお茶を飲んだりするため、何かと水辺に集まっているし、民話や伝説、神話の多くが水辺を舞台にしている。昔から現在に至るまで、ベトナム人の生活は水と強く結びついてきたのだろう。水上人形劇はベトナム人の生活と文化を理解できるエンターテインメントではないだろうか。

北部の農村には、現在も池の上の劇場が残されている。なかでもハノイ市郊外にあるタイ寺前の池にある舞台は有名だ。夏の暑い日、池の舞台の前で子どもたちが泳いで遊ぶ様子を見ていると、その朗らかな姿はまるで水上人形劇に登場する人形のようで、思わず笑ってしまう。

「仙女の舞」（タンロン水上人形劇場）

タイ寺前の池にある舞台のまわりで水遊びをする子どもたち

ベトナムの風水

ベトナム人の生活規範 道教

人口の7割以上が仏教徒であるベトナム。日本と同様、大乗仏教が主流だが、仏教寺院の中に道教の神様が祀られていたりして、お寺の境内に神社がある日本の宗教観に近いものを感じる。道教の伝来は仏教より早く、ベトナム最大の年中行事のテト（旧正月）にお祀りする竈の神様は道教が起源とされている。ベトナムのお盆にあたる「盂蘭礼」（レー・ヴー・ラーン：lễ Vu Lan）も、道教の中元節（Tết Trung Nguyên）と習合したもの。ベトナム人の生活には道教の教えが根付いているのだ。

ハノイ、西湖のほとりにある道教寺院「鎮武観」は、ハノイの城郭の北方、つまり中国の侵略から国を守るために建立され、守護神「玄天上帝」を長年にわたり祀ってきた。ハノイの古地図をみると南北に格子状の道路が整備され、フランス入植以前のハノイの都市計画にも道教の教えが深く影響していたことがわかる。

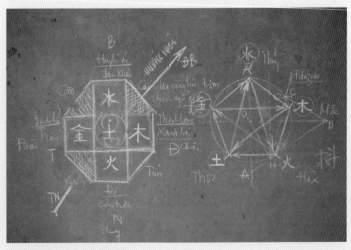

工事現場の壁に描かれた風水盤

風水師 vs. 建築士

ベトナムでは、先祖供養などの日々の生活習慣だけでなく、住宅のデザインや建設にも道教が浸透し、多くのベトナム人がその教えに従って生活している。特に建設にまつわる儀式やルールをまとめたものが「風水」で、ベトナム語では「Phong thủy（フォン・トゥイ）」と発音する。

日本でも、「ドアの色を黄色にすると運気が上がる」などインテリアに取り入れる風水が流行ったことがあったが、ベトナムの風水は家の方位やキッチン、仏間、トイレなどの方位や位置だけではなく、ベッドやコンロの向きなど、家相学的なことまで風水師が占う。

設計を建築士に依頼するクライアントの多くが風水師も雇い、建築士の意見よりも占いの結果が優先される場合が多い。トイレの便座の方向も風水で決められるので、用を足すたびに

鎮武観 MAP ▶ハノイ❶

足が壁に当たる使いにくいトイレがあったり、段数が決められるので、勾配が不自然に急な、または不自然に緩やかな階段に出合うこともある。ベトナムでは、住宅、レストランをはじめ、すべての建物において風水の影響が現在でも絶大である。

風水は、建物のオーナーの年齢や建設年によっても変わるので、たとえば 2021 年に完成することを前提に占った建物の工事が 2022 年まで延びてしまうと、計画の見直しを余儀なくされる場合もある。建築士にとっては、とてもやっかいなルールだ。

MAP（全国）

本書で紹介した
建物やその他の見どころを
全国、ハノイ、ホーチミン、
フエの地図とともに紹介する。
19世紀中頃から現代に至る
ベトナム建築の変遷や
各時代の代表的な建築家、
注目の現代建築も解説。

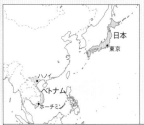

a. ハザン省（Hà Giang）
b. フート省（Phú Thọ）
c. ヴィンフック省（Vĩnh Phúc）
d. ホアビン省（Hòa Bình）
e. ナムディン省（Nam Định）
f. ニンビン省（Ninh Bình）
g. クアンナム省（Quảng Nam）
h. コントゥム省（Kon Tum）
i. カインホア省（Khánh Hòa）
j. ビンズオン省（Bình Dương）
k. ベンチェ省（Bến Tre）

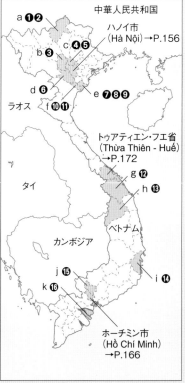

凡例：
地図上の建物番号　名称（日越併記、または英のみ）
竣工年／設計者／所在地（英）→本書対応頁（または解説）

Bamboo wing

コントゥム大聖堂

(Column 1)

センダンの架構が家族を包む農村住宅

近年、ベトナムでは建築に使用する木材のほとんどを隣国のラオスや遠く南アフリカからの輸入に頼っているが、「X-House」（設計：NH Village Architects）では敷地の周囲で容易に手に入るセンダン（Xoan）を採用している。大断面のセンダンは入手が困難なので、主要構造は鉄筋コンクリート造としているが、コンクリートと木のハイブリッドの架構が美しい。建具や家具などもセンダンで制作している。

NH Village Architects はベトナムの農村に建つ住宅のあり方をテーマに設計活動を行っている。国土のほとんどが農地のベトナムにもかかわらず、こうしたテーマに取り組む建築家は珍しい。X-House は祭壇を家の中心に据えた伝統的な間取りではないが、法事や祭事になると家族や近所の親戚などが集まる農村の習慣を維持できるよう、庭と建物が一体となった住宅空間を実現している。

X-House, NH Village Architects, 2020　MAP ▶ 全国❸

(Column 2)

Suoi Re Village Community House, 1+1>2 Architects, 2010　MAP▶全国❻

少数民族の建築要素を取り込むコミュニティハウス

　ハノイから車で約2時間、ホアビン省に建てられた「Suoi Re Village Community House」は、段差のある丘の地形を利用したフロア構成でランドスケープと一体化した、モン族のためのコミュニティハウスである。竹を主構造に採用するなど、地元の材料やモン族の技術を活かしながら、多くの人びとが集まる大空間を生み出している。

　設計を手掛けたホアン・トゥック・ハオ（Hoang Thuc Hao）は、少数民族の建築要素を取り込んだ建築を提案し続けており、この施設は彼自ら企画したものだ。現金収入を得るために、都市に出稼ぎに出る少数民族が増えていることから、子どもたちの教育の充実や民族の伝統を継承するために建てられた。竣工から10年以上経った現在でも、夕方になると子どもたちが集まり、夜は村の集会が行われている。

(Column 3)

ベトナム建築の変遷

ベトナムの近現代建築は、国土がほぼ確定したグエン朝時代にフランスから影響を受けた「コロニアリズム」、独立を経て自国の文化や気候に呼応する建築を目指した「ローカリズム」、ドイモイ（刷新）政策によって外国からの投資や文化的影響を強く受けるようになった「グローバリズム」という3つの時代を経ている。

コロニアリズム（19世紀後期〜1940年代）

仏領インドシナが成立すると、フランス人建築家によって軍施設や教会建築が建設された。その後、エコール・デ・ボザール・インドシナが開校し、ベトナムでの建築教育が始まる。ここで教鞭をとったエルネスト・エブラールは、仏越折衷の「インドシナ様式」の建築を残す。卒業したベトナム人建築家は、アール・デコ様式やモダニズム建築を実践した。代表的建築家：フランソワ・チャールズ・ラジスケ（François Charles Lagisquet, 1864〜1936）、オーギュスト・アンリ・ヴィルデュ（Auguste Henri Vildieu, 1847〜1926）、エルネスト・エブラール（Ernest Michel Hebrard, 1875〜1933）、グエン・カオ・ルエン（Nguyễn Cao Luyện, 1907〜1987）

ローカリズム（1950年代〜1980年代）

1945年の独立宣言以降、ベトナム北部では社会主義国の旧ソビエト連邦やキューバから多くの支援を受けてつくられた建築を土台に、建築設計のローカライズが図られた。南部では熱帯地域に適応するために、風通しのよい日除けなどを加えたコンクリート建築が生み出された。代表的建築家：ゴー・ヴィエット・トゥー（Ngô Viết Thụ, 1926〜2000）、フイン・タン・ファット（Huỳnh Tấn Phát, 1913〜1989）、ニコラス・キンタナ（Nicholas Quintana, 1925〜2011）

グローバリズム（1990年代以降）

ドイモイ政策以降、海外からの資金や援助が流入し、さまざまな建築や土木構築物が建設された。海外で学んだのちベトナムで活動を始めた建築家の作品がインターネットを通じて世界中に広まり、高い評価を受けている。日本に留学経験のあるヴォー・チョン・ギアは、今や世界的建築家の一人だ。代表的建築家：ヴォー・チョン・ギア（Võ Trọng Nghĩa, 1976〜）、ホアン・トゥック・ハオ（Hoàng Thúc Hào, 1971〜）

建築土産 その1

モノポリー
フランス統治時代のハノイ、サイゴンを舞台にしたモノポリー。地名は当時の表記（フランス語）なので、現在の場所と照らし合わせながら遊ぶと、昔の街の様子が想像できて楽しい。土産雑貨店などで購入できる。

建築ペーパーモデル
図柄が印刷された厚紙をカッターで切り分け、接着剤で貼り合わせ組み立てる。有名建築というより商店など身近な建物の模型。本や家具など細部のパーツが用意され完成度は高いが、組み立てには根気が必要。

［ベトナム近代に活躍した建築家 4人］

オーギュスト・アンリ・ヴィルデュ
（Auguste Henri Vildieu, 1847 ～ 1926）
フランス人建築家。1894 ～ 1907 年、インドシナ政庁公共建築部の主任建築家として活動。総督府（現大統領府）、トンキン理事長官官邸(現迎賓館)、ハノイ郵便局、ホアロー収容所などハノイ市内の多くの庁舎建築の設計に携わった。

エルネスト・エブラール
（Ernest Michel Hebrard, 1875 ～ 1933）
フランス人建築家・都市計画家。1921 年、ベトナムに派遣され、エコール・デ・ボザール・インドシナで教鞭をとる。同校の歴史や美術の講師との交流を通じ、インドシナ様式建築の創造と確立を目指した。ハノイ市内に彼の作品がいくつか残るほか、ダラットには彼が計画した街並みが残されている。

フイン・タン・ファット
（Huỳnh Tấn Phát, 1913 ～ 1989）
ベトナム人建築家・政治家・革命家。1938 年、エコール・デ・ボザール・インドシナを主席で卒業。1940 年、設計事務所開設。当初はアール・デコ様式の建築を手掛けていたが、その後革命に身を投じ、ベトナム戦争終結まで建築から遠ざかっていた。戦後、旧ソビエト連邦の影響が色濃い作品を残した。

ゴー・ヴィエット・トゥー
（Ngô Viết Thụ , 1926 ～ 2000）
ベトナム共和国（南ベトナム）の国家建築家。ベトナムで建築を学んだのち、パリのエコール・デ・ボザールへ留学。1955 年にローマ賞を獲得して卒業。1960 年、ベトナム共和国大統領の招待を受けて帰国。その後、数多くの国家プロジェクトを手掛ける。

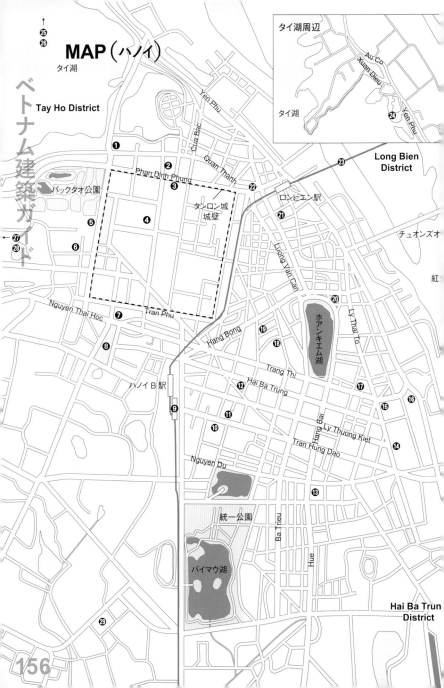

MAP（ハノイ）

タイ湖

Tay Ho District

タイ湖周辺

Au Co

Xuan Dieu

タイ湖

Yen Phu

㉔

Long Bien District

Yen Phu

Quan Thanh

Cua Bac

Phan Dinh Phung

バックタオ公園

タンロン城
城壁

ロンビエン駅

㉓

㉒

㉑

チュオンズオ

紅

Nguyen Thai Hoc

Tran Phu

Luong Van Can

ホアンキエム湖

㉚

Ly Thai To

ハノイB駅

Hang Bong

⑲

⑱

Trang Thi

Hai Ba Trung

⑰

⑮

⑯

Hang Ba

Ly Thuong Kiet

⑪

⑩

Tran Hung Dao

⑭

Nguyen Du

⑬

Ba Trieu

統一公園

Hue

バイマウ湖

Hai Ba Trun District

㉙

① ② ③ ④ ⑤ ⑥ ⑦ ⑧ ⑨ ⑫ ㉕ ㉖ ㉗ ㉘

北門

一柱寺

タンロン城址

ベトナム美術博物館

❶ 鎮武観 Đền Quán Thánh
11 世紀初頭／不詳／ Thanh Nien　→ P. 148

❷ 北門教会 Nhà Thờ Cửa Bắc
1931 ／エルネスト・エブラール／ 56 Phan Dinh Phung → P. 70

❸ 北門 Cửa Bắc thành Hà Nội
不詳／不詳／ Phan Dinh Phung　→ P. 70

❹ タンロン城址
Hoàng Thành Thăng Long
不詳／不詳／ Hoang Dieu
1010 年、李朝初代皇帝、リー・タイ・トーが居を構えて以来、グエン王朝政権で首都がフエへと移転するまで、歴代の皇帝が約 800 年間ここに城を据えていた。

❺ ホーチミン廟
Lăng Chủ tịch Hồ Chí Minh
1975 ／ガロン・イサコヴィッチ他／ 8 Hung Vuong　→ P. 50

❻ 一柱寺 Chùa Một Cột
1049 ／不詳／ Chua Mot Cot
1 本の柱で支えられた本殿が、池の上に浮かぶ。かつては木造だったといわれているが、現在は鉄筋コンクリート造。

❼ ベトナム美術博物館
Bảo tàng Mỹ thuật Việt Nam
1940 年代／不詳／ 66 Nguyen Thai Hoc
インドシナ様式建築。建設当時はインドシナ大学の寄宿舎として使用されていた。古代か

MAP (ハノイ)

ら近代に至るまで、ベトナムの芸術作品を一覧できる。

❽ 文廟 Văn Miếu

不詳／不詳／ Van Mieu

儒教の開祖、孔子を祀った廟。敷地内にはベトナム最古の大学、國子監 (QuốcTửGiám) があり、科挙合格者の名前が刻まれた石碑が残されている。門はハノイ市のシンボル。

文廟

❾ ハノイ駅 Ga Hà Nội

1900 〜 1902 ／不詳／ Le Duan → P. 84

❿ 越ソ友好労働文化宮

Cung Văn hóa Lao động Hữu nghị Việt - Xô
1985 ／ガロン・イサコヴィッチ他／ 91 Tran Hung Dao → P. 50

⓫ 総労働組合連合ビル（旧インドシナ雲南鉄道会社本社屋）Cổng thông tin điện tử Công đuàn Việt Nam

1910年代／不詳／80B Tran Hung Dao →P. 85

越ソ友好労働文化宮

⓬ ホアロー収容所 Di tích Nhà tù Hỏa Lò

1886 〜 1889 ／オーギュスト・アンリ・ヴィルデュ／ 1 Hoa Lo

仏領インドシナ時代、フランス人がベトナム人の政治犯を収容するために建設し、後に北ベトナムが米国の戦争捕虜を収容するために使用した。1990 年代に大部分が取り壊されたが、ゲートハウスが当時の悲惨な様子を伝える博物館として残っている。

⓭ ホム市場 Chợ Hôm

1985 ／不詳／ 79 Pho Hue → P. 38

⓮ ハノイ国家大学（旧インドシナ大学）Đại Học Quốc Gia Hà Nội

1926 ／エルネスト・エブラール／ 19 Le Thanh Tong → P. 71

エブラールによるインドシナ様式建築で、エントランスホールの装飾は越仏のデザインモチーフが折衷されている。

⓯ ハノイ・オペラハウス

Nhà hát Lớn Hà Nội

1911 ／アルレイ／ 1 Tran Tien → P. 46

⓰ ベトナム国立歴史博物館

Bảo tàng Lịch sử Quốc gia

1932 ／エルネスト・エブラール／ 216 Trang Quang Khai → P. 71

エブラールによるインドシナ様式建築の代表作の一つ。エントランスの八角形の屋根とそれを支える斗栱が特徴的。

⓱ ソフィテル・レジェンド・メトロポール

Sofitel Legend Metropole

1901 ／不詳／ 15 Ngo Quyen → P. 58

⓲ ハノイ大聖堂 Nhà Thờ Lớn Hà Nội

1886 ／不詳／ 40 Nha Chung → P. 67

⓳ フランソワ・チャールズ・ラジスケ旧邸宅

Gia chủ trước đây của căn biệt thự này là ông François Charles Lagisquet

1900 年前後／フランソワ・チャールズ・ラジスケ／ 15 Chan Cam → P. 22

総労働組合連合ビル

ハノイ国家大学

ホアロー収容所

ベトナム国立歴史博物館

⑳ タンロン水上人形劇場
Nhà Hát Múa Rối Thăng Long
不詳／不詳／57B Dinh Tien Hoang → P. 146
㉑ ドンスアン市場 **Chợ Đồng Xuân**
1890／不詳／Dong Xuan → P. 26
㉒ ハンダウ給水塔 **Bốt Nước Hàng Đậu**
不詳／不詳／Phan Dinh Phung → P. 86
㉓ ロンビエン橋 **Cầu Long Biên**
1902／ディデ＆ピレ社／Long Bien bridge
→ P. 89
㉔ タンロイホテル **Khách sạn Thắng Lợi**
1975／ニコラス・キンタナ／200 Yen Phu → P.58
㉕ コーロア城 **Thành Cổ Loa**
不詳／不詳／Co Loa, Dong Anh, Hanoi
→ P. 108
㉖ タンロン橋 **Cầu Thăng Long**
1985／不詳／Thang Long bridge → P. 89

㉗ ザンヴォー団地 **Khu tập thể Giảng Võ**
1970 年代／不詳／Khu Tap the Giang Vo
→ P. 18
㉘ **Sadhu - Vegetarian buffet restaurant**
2020 ／ Adrei Studio ／ Udic Complex
No.4, Hoang Dao Thuy → P. 162
㉙ キムリエン団地 **Khu tập thể Kim Liên**
1960 年代／不詳／Khu Tap The Kim Lien
→ P. 18

(Column 4)

緑の建築

　ベトナムの住宅や通りには、いたるところに植木鉢が所狭しと飾られている。植物を愛し楽しむ、ベトナム人のこうした暮らしの特徴を、ベトナム人建築家、ヴォー・チョン・ギアは、「Stacking Green」でスマートに再構成した。

　雑多に置かれたさまざまな植物を、種類や高さによって整理し、それらを植えたルーバー状のプランターを外壁の東西面に配す。朝夕、この緑のルーバーによって和らげられた優しい光が内部に届き、日中は、奥行きが深い建物の中央に設置されたトップライトから光が降り注ぐ。うなぎの寝床のような敷地が多く、建物内が暗くなりがちなベトナムの住宅で採光を確保し、間仕切り壁を極力なくすことで、どこにいても植物を鑑賞できる。この作品がメディアに載り世界で評価されると、ベトナム人もそれまで見過ごしてきたベトナムの魅力を再認識

Stacking Green, Vo Trong Nghia Architects, 2011, Ho Chi Minh

した。現在、多くのベトナム人建築家が、住宅やオフィス、学校などさまざまな建築に、重要な要素として緑を取り込んでいる。

筆者が設計したハノイ郊外のリゾート開発地に建つウィークエンドハウス「Step House」は、層ごとにスラブを平面的にずらした階段状の建物で、湖に面した南東側のテラスは眺望を確保するだけでなく、階段状に上るエッジに緑をめぐらせることによって、室内と前面の湖、さらにその向こうに続く林の風景をシームレスに

つなぎ、建物内外の境界線をあいまいにしている。

テラスの反対（北西）側に生まれたズレは、上階の床が下階の庇となり躯体の温度上昇を和らげる。設計過程では平面のずれ方が異なるいくつかのモデルを作成し、日射が建物内に及ぼす熱の解析を行い、建物ボリュームの最適解を探した。年月を経て繁茂する植物に覆われた段状の建物は、平坦に造成された開発地の中で小さな丘のように存在している。

Step House, TAKEMORI HIROOMI + WORKLOUNGE 03- Vietnam, 2015　MAP ▶全国❹

(Column 5)

ベトナムの手仕事を建築に活かす

　筆者がベトナムに渡った当時、機能的な既製建材が市場にあまり出回っていないため、必要なものは一つひとつ図面を起こしてつくらなければならなかった。大規模建築をつくるわけではないので数量は少なく手づくりとなってしまうのだが、日本では高くつくオーダーメイドが比較的に安価に実現できる。こちらの要望通りのものが出来上がるまで、それなりの苦労はあるが、ものづくりの楽しさも味わえる。

　Adrei Studio による「Sadhu-Vegetarian buffet restaurant」のうねるような曲面の土壁はモデリングソフトではなく模型で検討され、現場に持ち込まれたその模型を見ながら、建築家自ら施工に参加した。幾何学的な構成のなかにも、滑らかさやノミで削り取ったような即興的な表現も加わり、開口からの光が思いもよらない陰影をつくりだしている。

Sadhu - Vegetarian buffet restaurant, Adrei Studio, 2020 ▶ MAP ハノイ㉘

(Column 6)

テラコッタ・レンガやブロックの可能性

チャン・ティー・グー・ゴンとグエン・ハイ・ロン率いる Toropical Space は、テラコッタ・レンガの可能性を探求している。RC造の立方体フレームにレンガを積んだ「Tera Cotta Studio」は、多孔質のパターンを描き、内外の環境を遮断することなく、風や木々のざわめきなど自然の音を感じる内部空間を生んでいる。

テラコッタ・ブロックの模様は、テラコッタ瓦を組み合わせた通風孔が原形だが、近年、自由なモチーフも増えてきた。佐貫大輔による「Apartment in Binh Thanh」は、数種類のテラコッタ・ブロックを組み上げストライプ状のファサードを生み出している。通風やプライバシー保護といった機能を保ちつつ、ベトナムに馴染み深い幾何学模様が周囲の家並みに溶け込む。テラコッタ・タイルで仕上げられた床や階段と中庭の緑の対比も美しい。

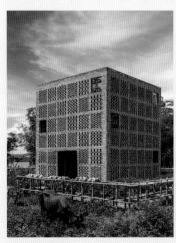 

Tera Cotta Studio, Tropical Space, 2016
MAP ▶全国⓬

Apartment in Binh Thanh, Sanuki Daisuke architects, 2016 ▶ホーチミン⓯

（Column 7）

北部らしさ 南部らしさ

　ベトナム北部のハノイでは、夏、路上での体感温度は50℃近くまで上がるが、旧正月に近づくと気温は10℃を下回り、冬でも湿度が70%を上回ることが多いため、冷たい水が肌に張り付くような底冷えがする。一方、ベトナム南部は年間を通して気温が高く、スコールの影響で雨量が多い。このように気候が多様なベトナムの住宅は南北でその姿が異なる。

　ハノイ郊外の都市化が急速に進む農村に建てられた「Brick Cave」は、建材として古くからベトナムで親しまれるレンガを使って、全体的にはひんやりとして薄暗いが、ところどころ外部につながる開口から光が漏れ入る洞窟のような空間を目指している。敷地全体を覆うレンガ積みのスキンは、スキンと住宅の間に生まれる庭や住宅内部を夏の強い日差しから守っている。また、冬の光が差し込むように設けられた開口

Brick Cave, H&P Architects, 2017, Ha Noi

部にさまざまなパターンで積んだレンガ、そこに嵌め込まれた幾何学模様のアイアンワークのフェンスがユニークなファサードをつくり出す。

一方、敷地が水没するというベトナム南部らしい特殊な状況のなか、地面から浮かぶかのように薄い3枚のスラブによって構成された「Floating House」は、ベトナムの在来工法であるコンクリート軸組構法をベースに柱や梁の寸法を抑え、スラブにリブを付けることで、緑の中に浮遊する軽やかな建築を実現している。

各階のスラブが庭に向かって多方向に伸び、そのズレによって屋根が架かる部分と架からない部分が生まれる。屋上を含めると床面積の7割が屋外で、建具を開くと水まわり以外のほとんどが外部となる。暑い日でも心地よい風が流れ、スコールが降ると気化熱によって冷えた空気を感じることができるこの外部空間は、屋外で過ごすことを好むベトナム人にとって快適で、南部の気候を生かした建築だ。

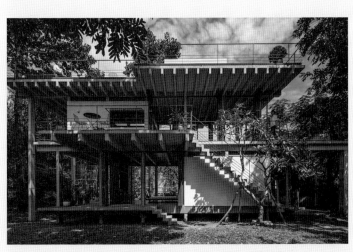

Floating House in Thu Duc, Sanuki Daisuke architects, 2019, Ho Chi Minh

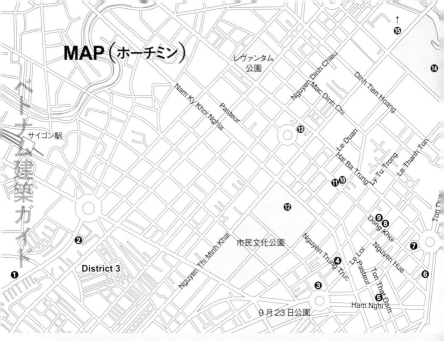

MAP（ホーチミン）

サイゴン駅

レヴァンタム公園

Nguyen Dinh Chieu

Dinh Tien Hoang

Nam Ky Khoi Nghia

Pasteur

Nguyen Mac Dinh Chi

Le Duan

Hai Ba Trung

Ly Tu Trong

Le Thanh Ton

❶

❷

District 3

Nguyen Thi Minh Khai

市民文化公園

❸

9月23日公園

Ham Nghi

Nguyen Trung Truc

Le Loi

Nguyen Hue

Dong Khoi

Ton That Dam

Le Pasteur

❹ ❺ ❻ ❼ ❽ ❾ ❿ ⓫ ⓬ ⓭ ⓮ ⓯

⑦

Myst

⑩

サイゴン中央郵便局

⑧

ホーチミン市民劇場

⑫

統一会堂

❶ ホアビン・シアター Nhà hát Hòa Bình
1983 ／フイン・タン・ファット他／ 240 Duong Ba Thang Hai → P. 51

❷ 2月3日通りの給水塔 Bốt Nước 3 Tháng 2
不詳／不詳／ 7 D 3 Thang 2 → P. 86

❸ ベンタイン市場 Chợ Bến Thành
1912 ／プロサール&ミュビン／ Le Loi → P. 26

❹ 総合科学図書館
Thư viện Khoa học Tổng hợp TP.HCM
1985 ／プイ・クアン・ハイン、グエン・フー・ティエン／ 69 Ly Tu Trong → P. 51

❺ クー市場 Chợ Cũ
1912 頃／不詳／ Thon That Dam → P. 34

❻ ホテル・マジェスティック・サイゴン
Hotel Majestic Saigon
1925 ／不詳／ 1 Dong khoi → P. 62

❼ Myst
2017 ／ A21 Studio ／ 6-8 Ho Huan Nghiep
混沌とした街のなか、アイアンワークがはめ込まれた開口部から飛び出すブーゲンビリア、路地を連想させる廊下やアンティーク家具。ホーチミンの街や人びとの生活が感じられるホテル。

❽ ホーチミン市民劇場
Nhà hát Thành phố Hồ Chí Minh
1895 ／ウジェーヌ・フェレ／ 7 Truong Lam Son
ファサードに掲げられた大きな彫刻が特徴的。ハノイ・オペラハウスより10年先んじて完成し、フランス人入植者を楽しませた。1956年以降はベトナム共和国の議場としても使用された。

❾ ホテル・コンチネンタル・サイゴン
Hotel Continental Saigon
1880 ／不詳／ 134 Dong Khoi → P. 62

❿ サイゴン中央郵便局
Bưu điện trung tâm Sài Gòn
1891 ／アルフレッド・フォーロー／ 2 Cong Xa Paris
中央のアーチ部分は鉄骨造で、パリのオルセー駅舎（現オルセー美術館）を手本にしたといわれている。

サイゴン動植物園

⓫ サイゴン大教会
Nhà thờ Đức Bà Sài Gòn
1880 ／ジュール・プラール／ 1 Cong Xa Paris → P. 67

⓬ 統一会堂 Dinh Độc Lập
1962 ／ゴー・ヴィエット・トゥー／ 135 Nam Ky Khoi Nghia
両翼に大きく広がった建物正面に立ち並ぶ彫塑的な柱が強い日差しを防ぐ日除けとなり、またファサードに威厳を与えている。1976年の南部解放時に解放軍の戦車とともに撮影された写真で有名。

⓭ Restaurant of Shade
2018 ／ NISHIZAWAARCHITECTS ／ 151B Hai Ba Trung → P. 169

⓮ サイゴン動植物園
Thảo Cầm Viên Sài Gòn
1864 ／不詳／ 2 Nguyen Binh Khiem
アジア最古の動植物園で、園内には樹齢100年を超える木々が並び、心地よい日陰空間をつくり出している。打放しコンクリートの軸組や棚で構成された開放的な空間で栽培される洋ラン花園が見どころ。

⓯ Apartment in Binh Thanh
2016 ／ Sanuki Daisuke architects ／ Binh Thanh → P.163

（Column 8）

熱帯での活動を維持するデザイン

KIENTRUC O は深い屋根が架かる軒下空間の延長として、活動的に過ごせる半屋外空間を学校建築などで実践している。「TTC Elite Ben Tre Kindergarten」は地盤を持ち上げ丘のように盛り上げた基壇の上を緑化し、子どもたちが自然に触れながら学ぶ場所とした。その下の基壇内部は、水平方向に外部とつながる半屋外空間だ。丘にはいくつかのヴォイドが設けられ、基壇内部に自然光による明かりと通風をもたらし、環境をコントロールする。幼稚園の中心的な役割を担うこのスペースは、親子で交流するプレイグラウンドになったり、教室になったりするほか、大講堂にも直接つながっているため、さまざまな教育活動が行われている。子どもたちにとって、長時間の屋外活動を行うには気温が高すぎるベトナムでは、いつでも伸び伸びと遊べる新し

TTC Elite Ben Tre Kindergarten, KIENTRUC O, 2017　MAP ▶ 全国⓰

い学校建築だ。

西澤俊理による「Restaurant of Shade」は、建築というより日陰空間だ。初めてここを訪れ、木立に囲まれた頭上から自然光がやわらかく差し込む席に座ったとき、屋外だと思っていたが、よく見ると建具が全開となったガラス屋根の下に農業用ネットが架かる屋内だった。

屋根を突き抜ける保存樹木に囲まれていることも、屋外にいると錯覚するひとつの要因だろう。日除けに使われている農業用ネットは、強い日差しから植物を守るために畑にかけられる、ベトナムでは非常に馴染みのある安価な材料だ。樹木がつくる日陰空間で人びとが過ごす様子は、ベトナムの路上でよく見かける遮光シートの下で涼をとる人びとの姿を彷彿とさせる。

新しい技術や手法ではなく、身近な材料や人びとの習慣を洗練させた、大都市ホーチミンのビルの合間にある大きな日陰空間で、人間と植物がともに生きている。

Restaurant of Shade, NISHIZAWA ARCHITECTS, 2018　MAP ▶ ホーチミン⓭

（Column 9）

リサイクル社会の環境建築

ハノイ郊外にある「Gentle House」は、伝統的なベトナム建築と現代の技術を組み合わせ持続可能な建築を目指すレー・ルオン・ゴック（V-architecture）によって建てられた。2階建てのオフィス兼住居には、中央の鉄骨フレームをコアとして、敷地内にあるバナナの葉のような形の屋根が架けられ、2階の四周には柱がなく360°見渡せる。この地域で長年培われてきた技術を改良して作られた可動式ルーバーが組み込まれた木製ドアや、竹で編まれた日除けは、通風と採光を細かく調整し、空調負荷を低減する試みだ。

現在建設中の彼の新しい事務所は、中央にヴォイドを持つ楕円状平面に屋根が架けられた空間で、彼自身が設計した建物の工事現場で発生した廃材など、すべてリサイクル材料でつくられている。経済発展に伴い増え

Gentle House, V-architecture, 2012, Ha Noi

続けるゴミが村を飲み込むなど深刻化するベトナムの廃棄物問題を自らのオフィスで提起する。日曜大工的に見えるが、研究者と連携して、廃材の中で日除けに適した材料を加工しファサードにするなどさまざまな工夫がなされている。今も新たに生まれる廃材を使って改良し、日々変化を続けている。

DesigN'N, V-architecture, 2019-,Hanoi
工事現場の廃材で建設されたオフィス

暑さが厳しく、電力供給も不足がちなベトナムで、建物のエネルギー対策は急務となっており、公共建築でも機械設備に頼らない、パッシブな建築の設計が求められている。筆者が提案したランソン省省庁舎設計競技案では、建築のシェイプで解くサスティナビリティ・デザインに挑戦した。東西に細長い熱負荷が高い敷地で、身をよじって直射日光を避けるように熱の負担を避ける計画である。

「ランソン省省庁舎設計競技案（最高評価）」TAKEMORI HIROOMI + WORKLOUNGE 03- +
Vietnam National Institute of Architecture, Lang Son, 2020

MAP（フエ）

旧市街

❶

❷

フーン川

新市街

フエ駅

❸

❹

フーン川

❺

❼

❻

❶ グエン朝王城 Kinh thành Huế
1802 〜／ Hue　→ P. 96

❷ フラッグタワー Kỳ Đài
1807（1995 改築）／不詳／ Thuan Hoa
グエン朝初代皇帝ザーロン帝により午門の正面に建設され、その後、幾度か改築されている。現在は巨大なベトナム国旗が掲げられている。

❸ 安定宮 Cung An Định
不詳／ 1902（1919 改築）／ 179 Phan Dinh Phung
カイディン帝が在位前に暮らした邸宅。帝によって装飾が施された洋館前に建つ東屋は、ガラスやタイルの破片で仕上げられ、廟のデザイン手法の一端がすでに表れている。

❹ 虎園 Hổ Quyền
1830 ／ 373 Bui Thi Xuan　→ P. 96

❺ トゥ・ドゥック帝廟 Lăng Tự Đức
1867 ／ Cau Dong Ba
詩作に優れていた帝が、眺めがよく風の通り抜けるこの場所に離宮を造営し、在位中のほとんどをこの場所で過ごし、そのまま霊廟とした。

❻ カイディン帝廟 Lăng Khải Định 1931
／ Khai Dinh　→ P. 96

❼ ミンマン帝廟 Lăng Minh Mạng
1843 ／ Huong Tra, Thua Thien Hue　→ P. 96

フラッグタワー

建築土産 その2

立体切り絵ポストカード
一柱寺や文廟など観光名所の歴史的建造物の立体切り絵。2つ折りのカードを開くと建物が立ち上がる。天秤棒で花を運ぶ女性など街の風景を象ったカードもある。市場や旧市街の路上などで購入できる。

スノードーム
文廟、ホーチミン廟、サイゴン大教会などを閉じ込めたスノードーム。ベトナムでは降らない雪の中の建築を楽しめる。モデルの精度は低いヘタウマB級土産。ハノイのドンスアン市場などで購入できる。

安定宮

トゥ・ドゥック帝廟

虎園

カイディン帝廟

ベトナム建築行脚

［参考文献］

Mel Schenck, *Southern Vietnamese Modernist Architecture: Mid-Century Vernacular Modernism*, Thế Giới Publishers, 2020

Tôn Đại, Phạm Tấn Long, *Thành Vauban ở Việt Nam*, Nhà Xuất Bản Xây Dựng, 2016

Andreas Augustin, *Sofitel Legend METROPOLE HANOI*, The Most Famous Hotels in The World, 2015

増田彰久、大田省一『建築のハノイ』白揚社、2006 年

坪井善明『ヴェトナム現代政治』東京大学出版会、2002 年

古田元夫『ベトナムの世界史──中華世界から東南アジア世界へ』東京大学出版会、1995 年

「特集：アジア同時代シリーズ 2　ベトナム建築大博覧」『SD』1996 年 3 月号

大田省一「仏領期ベトナムにおける建築・都市計画の研究」
東京大学大学院工学研究科建築学専攻博士論文、2000 年

大田省一「フランス植民地時代のハノイの都市計画と建築」『日本建築学会大会学術講演梗概集』1995 年

國分元太、山名善之「仏領期ベトナム北部における屋根付き市場の類型化とその分布
──小屋組の架構形式に着目して」『日本建築学会計画系論文集』第 83 巻第 749 号、2018 年

加藤恭輔、山名善之「旧仏領インドシナにおける鉄筋コンクリート建造物の技術普及に関する研究
──ベトナム・ハイフォンのセメントプラント設立過程とセメント生産の考察を通して」
『日本建築学会大会学術講演梗概集』2017 年

瀬治157、力武俊輔、川島和彦「ベトナム・ハノイ市旧市街地の街路空間特性に関する研究
──その 1 物的空間構成の分析」『日本建築学会大会学術講演梗概集』2009 年

畠山大、松波祐史、斑目幸郎、野中勝利、佐藤滋「ヴィエトナム・フエ京城都市の変容に関する研究（1）
──フエの都市計画理念と都市変容」『日本建築学会大会学術講演梗概集』1999 年

村松伸、大嶋信道、大田省一、ダン・タイ・ホアン、ファム・ディン・ヴィエト
「近代ベトナムにおける住宅様式に関する基礎的研究」『研究年報』24、住宅総合研究財団、1998 年

飯尾彰敏「赤い都市ハノイ──都市デザインにおけるソヴィエトの影響」アルファコンサルタンシーウェブサイト、2005 年

［写真クレジット］

特記のないものすべて、大木宏之

勝恵美　146、147 左

竹森紘臣　136 下右、138、139、141 上、144、
145、147 右、148、155、157 上 2 点・下右、158 上、
159 下左、166 下左、167、171 上、173（建築土産）

竹森美佳　140、141 下 2 点

Hoang Thuc Hao & Nguyen Duy Thanh　153

Nguyen Tien Thanh　164

Rdavout　151 下

Trieu Chien　162

Quang Dam　166 上左 2 点

WORKLOUNGE 03-Vietnam　171 下

＊本書 P. 8 〜 149 は、「ベトナム生活図譜」（竹森紘臣著、霞山会ウェブサイト）を加筆・修正のうえ掲載した。

おわりに

　本書の執筆に着手してから、カメラマンの大木さんと撮影のためにベトナム各地を訪れた約3年間は、ひとつの長い旅のようなものでした。これまで書いたものを読んでいると、各地で起こった出来事があれこれと思い出されます。ハノイから車で10時間かけて中国との国境沿いまで行き、さらにバイクで山道を走って少数民族の村を探しまわったり、ようやくたどりついた村でお邪魔したお家の方たちと一緒に自家製酒を楽しんだり、今にも沈みそうな漁船に乗り込んで海から撮影を試みたり……。道中で出会った人たちやハプニングも含め、ベトナムという国を味わいながら、建築を考えることができた貴重な時間でした。

　大木さんと交わしたたくさんの会話からも、さまざまな気づきをいただきました。対象をいろんな角度から見回し、ものすごい集中力でファインダーを覗いて観察する写真家だからこそ見えるモノを共有させていただいたことは、私の財産です。

　最後に、彰国社の神中智子さんには、この本の企画を持ち込んでから3年以上にわたり時間を割いていただきました。ベトナム在住の日本人建築家や友人、ベトナム人建築家には、ベトナムの歴史、文化、建築について多くの意見をいただきました。また、私の妻には、撮影旅行の準備や現地での通訳のほか、さまざまなサポートをしてもらいました。ここに感謝の意を表したいと思います。

2023年4月

竹森紘臣

［著者略歴］

竹森紘臣（たけもり・ひろおみ）／建築家
1977年、静岡県生まれ。関西大学大学院修了後、みかんぐみなどを経て、
2002年、東京にて WORKLOUNGE 03- を共同主宰。
2011年に渡越後、WORKLOUNGE 03- Vietnam を設立。
ハノイを拠点にベトナム、日本をはじめ、アジアの国々のプロジェクトに携わっている。

大木宏之（おおき・ひろゆき）／写真家
1969年、千葉県生まれ。東京綜合写真専門学校卒業後、写真家・藤塚光政氏に師事。
1999年に独立、東京にて大木宏之写真事務所を設立。
2008年に渡越後、DECON PHOTO STUDIO を設立。
ホーチミン市を拠点に主にベトナム建築の撮影を手掛ける。

ベトナム建築行脚　ハノイ・ホーチミン・フエ・ハザン

2023年 6月10日　第1版　発　行
2024年10月10日　第1版　第2刷

文　竹　森　紘　臣
写　真　大　木　宏　之
発行者　下　出　雅　徳
発行所　株　式　会　社　彰　国　社
162-0067　東京都新宿区富久町8-21
電　　話　03-3359-3231（大代表）
振替口座　00160-2-173401

著作権者と
の協定によ
り検印省略

自然科学書協会会員
工学書協会会員

Printed in Japan

© 竹森紘臣・大木宏之　2023年
印刷：壮光舎印刷　製本：中尾製本

ISBN 978-4-395-32193-3　C3052　　https://www.shokokusha.co.jp